정부 패러다임적 정책결정과정분석

-금융실명제를 중심으로-

정부 패러다임적 정책결정과정분석

-금융실명제를 중심으로-

서 상 원 著

한국의 정치사는 일제의 지배에 따른 굴절과 왜곡 등으로 말미암아 파행적으로 치우치다가 절대 강국의 타율적 해방으로 인해 신생 독립국으로 새롭게 탄생되어 제1공화국과 제2공화국을 거치면서 어느 정도 민주국가의 방향으로 진전되는가 싶더니 군사정권의 성립으로 민주화는 또 멀어졌다.

민주주의를 지향하는 국가에서 국민들이 원하는 정치와 정부의 형태는 민주적인 제도와 절차상의 민주화를 바탕으로 한 개방적, 참여적 정부일 것이다. 다시 말해서 국민은 모든 국가운영이 정부중심적이거나 혹은 대통령의 독단적인 방향설정과 정책결정에 따라 이루어지는 것을 원하지 않는다.

과거의 단일화, 표준화의 가치는 거버넌스 사회에서 더 이상 수용될 수 없는 가치체계로서 이미 국제화, 세계화와 더불어 우리나라도 다양화와 공동체적 중심의 사회로 변화하였다.

지난날 우리의 정치는 민주국가가 갖추어야 할 민주적 요소로서 정당성, 도덕성의 훼손됨으로써 상당부분 왜곡으로 점철되었다는 것은 역사적으로 증명된 사실이다.

‘군사정권’과 ‘문민정부’, ‘국민의 정부’, ‘참여정부’로 많은 정권의 변화와 발전은 있었지만 아직도 변화하지 않은 것은 정부운영 패러다임이라는 것이다. 참여정부는 야심을 가지고 '국민의 정부'의 가치를 뛰어넘은 정권으로 탄생했다. 하지만 아직도 국정운영의 방식은 대통령 일인체제라는 인식을 불식시키는 데 한계가 많다고 본다.

지금은 거버넌스 사회이다. 거버넌스 사회는 정부중심이 아닌 협력과 공동체 중심이다. 따라서 정부의 주요 정책결정은 많은 주체들이 참여하는 거버넌스적 정책공동체 중심으로 이루어져야 한다. 그러나 참여정부는 이와는 매우 다른 양상의 정책결정 패러다임을 보이고 있다. 신행정수도 이전 정책, 전시작전통제권 환수, 정부 출입기자실 통폐합 문제 등 많은 정책의 예에서 볼 수 있듯이 이러한 파행적인 정책결정은 의사결정비용은 줄어들지만 외부비용인 집행비용은 매우 늘어나 사회적 불안과 정권의 정당성마저 훼손시키고 있다는 점이 주목된다.

따라서 참여정부의 정책결정이나 국가경영 리더십의 형태는 과거 정권과 크게 다르지 않다는 점에 주목하면서 과거의 금융실명제 정책결정과정에서 나타난 특성들을 분석함으로써 지금의 정부의 정책결정의 특성을 반영하는 데 이 연구의 목적이 있다. 참여정부의 분석은 이 정부의 임기가 끝나고 이루어져야 할 것이므로 다루지 않았고, 앞으로 새로운 정부에서의 정책결정의 방향을 새롭게 강조하는 장을 마련해 본다.

contents

제 3 장

전두환 정부의 금융실명제 정책결정 | 61

제 6 장

결론: 요약과 한계 | 187

제1장

서 론

제1절 문제제기 및 연구목적

1. 문제의 제기

박정희 정권을 시작으로 한국의 정치변동과정은 장기집권과 군사 정권에 의해 파행적으로 진행되어 왔다. 그야말로 한국의 정치사는 전두환 정권까지 군사정권이 계속되는 가운데 정당성의 시비로 정치적 위기의 연속을 경험했다. 또한 건국 당시부터 '민족국가 건설과 민주적 시민사회 형성'이라는 가치 정향성에도 불구하고 '관념적 국가'와 '실체적 국가' 간에 심한 괴리현상이 있었다.[1] 여기서 진덕규는 개념을 '관념적 국가'가 국민적 욕구와 기대의 총체라면 '실체적 국가'는 존재하는 국가 그 자체라고 정의하였으며, 관념적 국가가 실체적 국가로 정착될 때 국가와 국민이 하나가 되고 '우리 국가' '내 나라'로 자리매김할 수 있다고 보았다.

민주주의를 지향하는 국가에서 국민들이 원하는 정치와 정부의 형

---

1) 진덕규, "국민을 위한 국가 건설과제", 중앙일보 1998. 8. 28.

태는 민주적인 제도와 절차상의 민주화를 바탕으로 한 국민의 정부
일 것이다. 민주국가에서 정권이 갖추어야 할 민주적 요소로서 권력
의 정당성, 도덕성, 효과성을 들 수 있다.[2] 여기서 정권의 정당성이
가장 중요하게 다루어지고 있는데, 박정희 정권과 전두환 정권의 경
우 정권초기부터 체제의 정당성이 항상 문제시되어 왔고 권위주의적
정치체제의 지속은 정부의 정당성을 약화시킴으로써 정치적 불안정
과 함께 민주화를 퇴행시켰다. 다시 말해서 민주화가 진행되는 과정
에서 군사정권의 수립으로 체제적 정당성과 정부의 정당성의 문제로
정치적 위기극복을 위한 억압적 배제정책으로 민주화가 단절되는 정
치과정을 밟아 왔다.

정부의 정당성은 임기 중에 대통령이 국가의 위기, 특히 정치·경
제적 위기를 어떻게 효과적으로 극복하느냐에 따라 좌우될 수 있지
만, 우리의 정치사는 임기 중에 정권의 능력평가에 의하기보다는 군
사정권의 성립으로 정권초기부터 체제의 정당성의 위기를 극복해야
하는 점이 특징이라고 할 수 있다.

우리의 정치변동과정에서 정치적 정통성이 완전하다고 자부하는
김영삼의 문민정부도 1997년도에 들어와 한보사건으로 빚어진 일련
의 정치적 위기와 IMF로 대변되는 경제위기로 말미암아 정권의 정
당성마저 퇴색하게 되었다. 문민정부로서 정당성이 확보된 정권이면
서도 각종 정경유착과 '92 대선 시 선거자금과 관련한 도덕성 문제
에 휘말리면서 이에 대한 반대급부로 군사독재 정권이었지만 박정희
시대를 그리워하는 추모단체가 생기고 박정희 대통령의 생가를 방문
하는 참배객들이 증가하면서 박정희 시대를 회상하는 증후를 자아내
기도 했다.

일부 재계에서는 박정희 정권은 통치철학이 있었고 재계가 추구할

---

2) 김호진, 「한국정치체제론」, (서울: 박영사, 1993), p.70.

목표 같은 것이 있었다고 말한다. 이러한 결과는 일시적인 현상일 수도 있지만 박정희 대통령의 정치철학에 의한 경제성장의 결실에 기인한다고 보아야 하겠다. 그렇다고 해서 박정희 정권의 군사 쿠데타의 정당성을 인정한다는 것은 아니다. 그의 통치철학의 주류를 이루고 있는 경제발전으로 박정희 대통령이 산업화를 통한 경제발전을 이룩하지 못했다면 그는 군사적 독재정권의 시작과 표상으로서 우리 정치사에 길이 남았을 것이다.

따라서 박 정권과 전 정권이 정통성과 정당성의 미흡을 극복하기 위해 급속한 경제성장이나 물가안정 등을 추구했다. 이 과정에서 분배와 형평성의 문제가 정치화되기도 하였고 경제안정과 지속적 성장, 그리고 복지국가 건설의 이슈로 발전하여 우리는 이제 민주국가로서의 체제는 확립되었다. 그러나 박정희와 전두환의 군사정권에서 문민정부로 이어지는 급속한 정치·사회변동과 함께 대통령의 리더십이 정치체제는 물론 국가의 주요 정책에 미치는 영향이 크므로 미래의 대통령의 리더십에 대한 관심을 소홀히 할 수 없다. 그 이유는 대통령의 리더십이 정치체제의 흐름을 결정하였고 국가정책의 결정과정에서도 많은 영향을 끼치기 때문이다. 따라서 대통령에 대한 연구가 절실히 필요하며 아울러 정치·사회적 구조변화로 인한 정책결정 및 집행과정에 작용하는 대통령의 권력과 이에 대한 영향을 줄 수 있는 정책행위자에 대한 관심도 커질 것이다.

이러한 흐름에 따라 최근에 우리나라에서도 대통령의 리더십이 한 국정치를 분석하는 데 유용한 틀을 제공한다는 점에서 학자들에 의해 이 분야에 대한 연구가 활발히 진행되고 있다. 우리나라에서와 같이 대통령의 영향력이 절대적이었던 과거의 권위주의 체제에서 민주주의로 전이되는 과도기 체제, 그리고 진정한 민주주의라고 단정할 수 없지만 문민정부로 이어지는 정치변동과정에서 국가의 주요 정책결정과정을 분석하기 위해서는 대통령의 리더십을 중요하게 취급하지 않을 수가 없다. 정책결정과정이 정책결정행위자들의 상호 작용이 이루어지는 가운데 진행되지만 그래도 최종 정책결정은 대통령이 하기 때문에 흔히 정책결정은 최고 지도자의 산물이라고 할 수 있다.

따라서 정책결정과정에서 대통령이 모든 것을 독단적으로 권력을 행사했는지, 다른 정책행위자가 얼마만큼의 영향력을 행사했는가가 중요한 연구의 초점이 될 수 있다. 또한 정책결정과정에서 정책결정행위자들이 어떻게 작용하였고, 실질적인 정책결정변수 선정을 통해 어떤 정책의 결과를 산출하였는가를 설명하는 것은 학문적 가치가 있을 것이다.

왜냐하면 앞으로 대통령의 권한은 점차 헌법이 갖는 범위 내로 축소되고 초법적인 대통령의 권한은 제한되어 가고 있다는 일부 학자의 주장도 있다. 또한 대통령직의 규모와 내적 복잡성은 오늘날 대통령의 행태가 대통령 개인의 행동으로만 구성되는 것이 아니라 대통령의 행동은 1인의 수행력이 아니라 행정부의 지속적인 흐름의 일부이기도 하다.3) 다시 말해서 정책결정의 결과는 행정부의 단체적 결과라고 볼 수 있으며, 대통령의 리더십은 대통령 개인의 직무활동으로 나타난 것이 아니라 조직화된 과정에서 리더의 기능적인 역할을 할 뿐이라는 시각이다. 이러한 시각은 최고 정책결정자인 대통령에 모든 것을 의존해서 분석하기보다는 정책결정과정에서 대통령과 다른 정책행위자들의 상호 작용도 중요한 설명변수가 된다는 것을 시사하고 있다.

한편 한국의 정치변동과정은 서구민주주의 국가에서와 같은 정책 간의 갈등과 해결의 연속이 아니라 집권세력과 도전세력의 첨예한 대결구조에서 정치체제가 형성되었는데, 특히 박정희, 전두환, 노태우

---

3) 이용필, "대통령은 머리를 빌려서는 안 된다: 미국 대통령 통치력 연구", 「신동아」, 1994년 11월호, p.353.

정권으로 이어지는 군사정권과 이에 대한 민주화 쟁취를 위한 투쟁의 역사라고 할 수 있다. 또한 소위 문민정부로 자부하는 김영삼 정권의 출범으로 권위주의적 군사정권으로부터 민주주의로 이어지는 급격한 정치체제의 변화는 정치지도자들, 특히 대통령의 리더십 형성에 영향을 많이 끼쳐 왔고 정책결정과정에도 많은 변화를 가져왔다.

민주화와 문민정부의 시작은 사회의 분화로 미래의 대통령의 역할과 기능의 범위는 과거의 대통령의 그것보다 상당히 축소될 것이다. 사회가 분화되고 다원화될수록 대통령을 중심으로 하는 정책결정이나 집행이 위축되고 사회 내에 존재하고 있는 제 집단 간의 이익갈등이 강하게 나타나면서 그만큼 과거의 권위주의 정권에서 보여준 대통령의 의지나 권력에 의한 힘의 강도가 많이 위축될 것이다. 그러나 전두환 정권의 권위주의 체제는 물론 권위주의에서 민주주의로 연계되는 노태우 정부의 과도기 정권과 오히려 문민독재라는 인상을 주는 김영삼 문민정부에서도 정책결정과정에서 대통령의 영향력이 뚜렷이 존재했음을 부인할 수 없다. 민주화 과정에 있는 문민정부이지만 민주적인 절차나 제도, 그리고 대통령을 중심으로 정부와 국민들 모두가 아직 성숙되지 않은 현실에서 정책의 흐름과 최종 목표에 절대적인 영향력을 행사하고, 또 정책결정과정에서 독단적일 수도 있는 대통령의 역할은 매우 중요하다.

정책결정과정에서 정책결정의 결과는 정책결정가의 산물[4]이라는 측면에서 대통령은 주요 국정의 최고 결정권을 소유하고 있는 정책결정의 핵심으로 보아야 한다. 우리나라에서는 정책메커니즘이 제도화되지 못하고 있고 정서적으로도 대통령의 권한에 대한 하부조직의 위축성, 그리고 권력이 지나치게 대통령에게 집중되어 있다. 즉 주어진 조건의 객관적 검토를 통해 여러 가지 해결책과 대안을 제시하고

---

4) 백완기, 「행정학」, (서울: 박영사, 1984), p.277.

이들을 비교 토론하여 최종 정책을 결정하는 합리적 의사결정이 제도화되지 못하고 있으며, 대통령과 관련 참모들이 함께 참여하지 않고 대통령 1인이 결정하고 지시하는 정부 내의 정책결정 메커니즘이 지배적 현상이라 할 수 있다.

이렇게 고도로 집권화된 정책결정체계를 갖고 있기 때문에 대통령의 권한과 영향력이 정책결정의 방향뿐만 아니라 정책결정과정에서 그 영향력이 강하게 미치고 있다. 이 영향력은 결국 대통령의 권한을 바탕으로 정책결정이 이루어질 수 있기 때문에 대통령에 대한 관심을 강화하고 있다. 따라서 우리나라의 경우 정책결정과정을 보다 정확히 분석하기 위해서는 대통령을 정책결정의 주체로 보고, 정책결정의 주요 행위자로서 대통령비서실의 수석비서관과 장관을 함께 고려해야 한다. 이와 같은 논리에서 정책결정에 대한 보좌와 지지로서 투입되는 정책행위자는 대통령과 정책결정에 직접 참여하는 수석비서관과 장관을 중심으로 논의하고자 한다.

대통령비서실의 비서실장과 그 외 비서관들을 배제시킨 것은 일반 정책을 추진하는 데 있어서 이들의 의견이 투입될 수 있으나 본 연구의 분석대상인 금융실명제에서는 순수한 경제적 논리보다는 대통령과 몇몇 측근들에 의해서 이루어진 정치적 논리의 정책임을 감안할 때 이들의 영향력은 거의 없었기 때문이다.

그리고 여당을 비롯한 정당과 같은 주변세력의 영향력은 정책사안에 따라 다르게 나타날 수 있는데, 금융실명제 정책추진의 목적과 의도가 다분히 정치적인 논리에 의해 지배됨에 따라서 공청회 등과 국무회의 같은 절차를 밟지 않은 특별조치로서 이루어짐으로써 정책결정과정에 이익집단과 정당의 영향력이 크게 배제된 상태에서 대통령과 그의 측근들의 정치적 논리에 의해 이루어졌다. 또한 금융실명제 정책결정에 투입되는 환경변수로서 정치상황과 정권의 성격, 정권의 이해관계를 채택하였다. 독립변수로서 세 가지 환경변수 중 먼

저 정치상황을 고려하게 된 이유는 금융실명제 정책추진을 세 정부
모두가 정치적 목적을 강하게 갖고 있기 때문이다.5) 둘째, 정권의
성격은 체제적 정당성이 결여된 권위주의적 군사정권과 과도기 정
권, 그리고 문민정권의 성격과 정권의 주체세력인 정책행위자의 성
향이 정책결정에 영향을 주고 있다. 셋째, 정권의 이해관계는 대통령
과 정치기득권층이 금융실명제와 관련하여 체제유지와 안정 등에 대
한 이해관계이다. 금융실명제 정책은 가장 높은 수준의 정치적 논리
에 의해 추진되었고, 대통령을 중심으로 한 정책결정과정을 거쳤기

---

5) 경제상황은 금융실명제 실시하게 만드는 경제여건이며, 사회상황은 재
계의 반응이나 사회운동세력들의 영향으로서 얼마나 금융실명제 정책
추진에 영향력을 행사했느냐를 말한다. 경제상황은 금융실명제 정책추
진에 결정적일 수가 없는데, 각 정권에서 경제적 여건이 실명제 실시의
반대와 찬성의견에 영향을 주었다고 할 수 있지만 정책결정행위자들이
경제적 여건으로 인한 결정을 했다고 보기는 어렵다. 따라서 주로 사회
적 상황이 정책 결정하는 과정이나 결정된 후에 사회적 상황의 행위주
체자인 재계나 운동단체들이 노 정권에서는 조금 차이는 있지만 하나
의 의견제시의 수준에서 작용하였다. 전두환 정권서는 7·3조치가 발표
되기 전까지 금융실명제 정책추진에 대한 정보가 유출되거나 홍보되지
않은 상태에서 갑자기 정부 내에서 결정하고 발표하였기 때문에 재계
의 의견을 투입할 기회가 없었다. 그러나 이들은 7·3조치 발표 후 7월
28일 재계 대표단체인 전국 경제인연합회가 경제기획원, 상공부장관 초
청간담회에서 금융실명제 정책의 비현실성을 주장하면서 경제혼란과
경제침체의 우려를 표시를 하였을 뿐이다. 실명제에 관련된 사회운동세
력은 80년대 후반에 형성된 세력으로서 경실련을 들 수 있는데, 노 정
권의 금융실명제 추진에 대해 영향력을 행사할 때까지 전 정권에서는
두드러진 활동이 없었다. 노 정권에서는 재계로부터의 정치자금의 유입
과 노 대통령과 일부기업(선경그룹)과 사돈관계가 형성되어 노 대통령
의 정책의지에 영향을 주었다고 할 수 있다. 또한 경제정의의 실현과
민주화 등을 주장하는 경실련은 금융실명거래 시행을 촉구하는 성명발
표와 정책토론회를 개최하는 등 적극적인 활동을 하였다. 그러나 정부
내에서는 노 대통령과 정책결정행위자들이 정책결정을 하는 데 결정적
인 요인은 되지 못했다. 김영삼 정권에서는 대중의 여론을 바탕으로 한
정부의 정당성과 개혁을 통한 김 대통령의 정치적 목적(김 대통령 자신
의 입장이지만 개혁과 깨끗한 정치구현)을 둔 정책의지가 주 핵심이 되
어 진행됨으로써 사회상황의 영향은 크지 못했다.

때문에 앞으로도 국가의 주요 정책을 분석하는 데 도움을 줄 수 있는 사례분석이 되기 때문에 선정되었다. 따라서 이 연구에서 다음과 같이 문제를 제기할 수 있다.

첫째, 금융실명제 정책결정의 내용이 세 정부에서 차이가 있는데, 그 이유는 무엇 때문인가? 둘째, 대통령을 비롯한 정책행위자들이 금융실명제 정책결정과정에서 어떤 역할을 했으며, 패턴은 어떠했는가? 셋째, 정책 환경인 정치상황, 정권의 성격, 정권의 이해관계가 금융실명제 정책결정과정에 어떠한 영향을 미쳤는가?

금융실명제 정책은 합리적인 정책결정과정을 거치지 않고 대통령을 중심으로 한 일부 정책행위자에 의해 급격하게 추진되는 현상을 나타냈다. 따라서 본 논문이 제시한 문제제기를 분석하고 설명함으로써 과거의 폐쇄적 체제에서 개방적, 거버넌스적 공동체 사회로의 변화된 이 시점에서 현재 참여정부의 정책결정의 패러다임을 뒤 돌아보면서 다음 정권들이 합리적이고 바람직한 정책결정에 참고하게 될 것으로 기대한다.

2. 연구의 목적

우리나라의 정책결정 메커니즘은 정책결정과정에서 대통령에게 모든 권한이 집중되고 있다는 것을 부인하는 사람은 아무도 없다. 대통령에 따라서 정책결정과정에서 가장 강하게 영향력을 행사하고 대통령의 의지대로 정책결정이 좌우될 수 있다. 여기서 대통령이 행사하고 있는 영향력과 의지는 대통령의 리더십과 깊은 관계를 가지고 있다.

전술했듯이 정책결정의 결과는 정책결정자의 산물이라는 인식하에 모든 정책결정의 권한을 가진 대통령이 정책결정과정에서 강력한 영향력을 행사하여 정책결정이 이루어지기도 한다. 그러나 아무리 강한 리더십에도 불구하고 대통령의 정책의지가 바뀌는 현상을 설명하기 위해서는 정치상황, 정권의 성격, 정권의 이해관계 등 정책결정과정에 미치는 환경변수와 대통령과 정책에 관련된 정책행위자를 함께 고려해야 한다.

본 연구는 대통령의 리더십으로 정책결정과정을 설명할 수도 있지만 정책결정이 이루어지는 일련의 구조에서 대통령은 다른 정책행위자들보다 큰 영향력을 행사할 수 있다는 가정하에 대통령마다 다소 차이가 있지만 배제할 수 없는 또 하나의 정책결정요인으로서 정책논의 환경을 구성하고 있는 정책 환경을 함께 분석대상으로 하고 있다. 이는 대통령의 특성, 다시 말해서 리더십과 연관지어 설명할 수 있는데, 특히 허약한 리더십을 가진 지도자에게 더욱 선명하게 나타난다. 그러나 결국 대통령이 상황에 의해 영향을 받아 결정을 하거나 새로운 결정으로 번복하는 것도 리더십에 기인한다고 볼 수 있다.

대부분의 국가의 주요 정책들은 정부 각 부처의 발의와 장관회의(경제 분야는 경제장·차관회의, 신정부에서는 경제대책구성회의), 그리고 공청회 등을 통한 일련의 과정을 거친다. 그러나 정치적 목적을 위해 추진하는 정책은 대부분 이와 같은 과정을 거치지 않고 대통령과 청와대비서실과 같은 측근 핵심참모들을 중심으로 이루어지고 있다는 점에 주목을 해야 한다. 청와대 대통령비서실도 대통령의 정책추진의 전략에 따라 이들이 모두 참여하는 것이 아니라 대통령의 정책의지를 추종하는 인물들을 정책결정과정에 참여시킨다.

이렇게 정치적 비중을 가진 정책은 대통령의 강력한 의지와 측근들의 이해가 맞물리면서 비밀리에 정책결정을 하는 경우가 많다. 겉으로 드러나지 않는 정책결정과정을 들여다보고 정책결정체제의 성격을 규명하는 것이 쉬운 작업은 아니지만 의미 있는 시도라고 생각한다.

이 연구의 목적은 과거 폐쇄체제에서의 정부중심적 정책결정의 성격이 강한 금융실명제의 정책과정을 분석하여 봄으로써 오늘 날의 거버넌스 사회에서의 참여정부의 모습을 반영하고 미래 정부들의 정책결정에 주요한 시사점을 제시하고자 한다.

제2절 연구의 범위와 연구방법

1. 연구범위

한국의 정치사는 권위주의 정치에서 민주화로 이행하는 과도기적 정치풍토에서 인물 중심적으로 진행되어 왔다. 정권의 성격이 정책 내용을 좌우하고 정책결정과정에서 대통령 중심적으로 이뤄져온 것은 사실이다. 따라서 미국에서는 이미 '대통령학'이라는 새로운 학문을 바탕으로 대통령에 관한 연구가 많이 진전되어 왔다. 국내에서는 대통령의 리더십을 중심으로 대통령에 관한 연구가 활발히 이뤄져 왔으며, 대통령 연구에 있어서 대통령의 리더십이 가장 중요한 연구 주제의 하나라고 할 수 있다.

그러나 기존의 많은 연구들은 대통령의 개인적 특성에 맞추어 대통령의 리더십의 유형만을 구분하면서 논의하는 데 그쳤기 때문에 과거 대통령을 중심으로 한 정책결정과정을 설명해주지 못했으며, 대통령의 리더십 행사의 스타일에 따른 정책결정과정의 결과와 대통령의 국정운영 방향을 예측해주지 못했다는 점에서 이론의 보편성과 예측성에 많은 한계를 가지고 있었다.

많은 학자들이 대통령과 그의 리더십에 대한 관심이 높은 이유는 정책결정과정에서 대통령이 미치는 영향력이 그만큼 크기 때문이다. 따라서 정책결정과정에서 대통령의 역할 또는 영향력이 중요한 설명수단으로 간과할 수 없다는 점에서 대통령에 대한 관심은 지속되고 있다. 대통령 리더십은 대통령의 개인적 특성에 의해 결정되는데, 대통령은 정책 체제에서 하나의 행위자로서 중요하게 작용하고 있다. 여기서 대통령의 행위는 바로 리더십에 근간을 두고 있다는 것이다.

대통령의 리더십을 결정해 주는 요인을 좀 더 세분화 하여 보면, 대통령의 리더십은 대통령의 성격과 정치관, 그리고 정치스타일로 이루어진다. 대통령의 성격은 성장과정에서 시대적인 환경과 부모교육, 가정환경 등에 의해 영향을 받으면서 형성된다. 정치관은 정치에 대한 대통령이 갖고 있는 인식으로서 정치적 신념과 같은 것이다. 정치를 바라보는 인식의 차이에서 리더십이 결정될 수 있다. 정치스타일은 대통령이 업무를 처리하는 방식으로서 리더십을 설명할 수 있다.

대통령은 정책결정과정을 설명해주는 주요한 변수라고 앞에서 논의했다. 그만큼 대통령 개인의 행위는 정책결정과정에서 리더십으로서 나타나며 정책결정과정에 중요한 요인으로 작용하고 있다. 그러나 대통령 리더십 자체에 국한되어 연구하거나 대통령의 리더십만으로 설명함으로써 간과되는 다른 요인을 고려해야 좀 더 실증적인 분석이 가능하다고 본다. 따라서 대통령은 정책 환경과 정책 체제에서 다른 행위자들과 상호관계를 형성하면서 정책을 결정하는 데 행위자들 중에서 많은 부분을 차지하고 있다고 보는 것이다. 이는 행위자 중의 하나로써 작용하는 대통령은 정책결정과정에서 얼마나 많은 영역을 차지하고 있는가는 대통령마다 다소 차이가 있을 수 있다.

이 논문의 사례인 금융실명제 결정과정에서 내부공식참여자를 중심으로 살펴보았는데, 대통령 이외의 행위자는 정책결정에 직접적으로 참여하고 있는 청와대의 수석비서관과 장관을 말하며, 정권의 이해관계와 국민여론을 의식한 찬반의 영향력을 행사하는 여당과 정당들, 그리고 이익집단들은 외부환경으로서 작용을 했을 뿐이며 직접 정책결정과정에 영향을 주지 않았기 때문에 조금 언급함으로써 그쳤다.

본 논문은 정책결정에 영향을 줄 수 있는 상황변수는 정치상황을 중심으로 전개하였고, 정책 체제에서 움직이는 행위자 위주로 정책결정과정에서 정치상황과 정권의 성격, 정권의 이해관계가 어떤 작용을 하여 어떤 정책결과를 산출했는가를 논의하고 있다. 그 이유는 정책 환경 즉 정치·경제, 그리고 재계와 사회운동세력을 의미하는 사회상황의 영향을 받지 않았다는 의미가 아니라 한국의 금융실명제 정책의 특성으로 인해 정치상황과 정권의 성격과 정권의 이해관계에 의해 지배되었기 때문이다. 전두환 정권의 권위주의적 정치체제는 정책 환경이 정책 체제에 투입되는 과정에서 정부의 강력한 통제로 투입과 산출과정이 정상적으로 이루어지지 못했다고 평가하였다. 노태우 정권에서는 그런대로 정책 환경의 투입·산출이 이루어졌지만 문민정부인 김영삼 정부도 김영삼 대통령의 독단적인 정책결정 메커니즘으로 인해 투입과 산출과정이 원활하지 못했다고 볼 수 있다.

사례분석 대상인 금융실명제에 대한 분석기간은 세 정권에서 정부 내외에서 금융실명제 정책이 논의되고 결정되어 정책으로 시행되거나 논의과정에서 종료되는 기간까지로 논의하고 있다.

2. 연구방법

본 연구는 계량기법을 사용하지 않고 사례분석에 의존하여 분석적

·서술적 연구방법을 채택하고 있다. 사례분석을 하되 단일사례를 분석할 경우의 문제점인 일반화의 문제를 보완하기 위하여 대상사례를 복수로 선정하고 충분한 자료를 통하여 설명하고자 한다.

본 연구의 대상사례는 전·노·김 정권에 걸쳐 이루어졌기 때문에 동일 사례 내에서 비교방법을 사용하고 있다. 이론적 방법은 체제론에서 투입, 전환, 산출, 환류의 네 과정에서 체제 내의 보이지 않는 과정(Black box)을 여러 정책결정이론을 토대로 주요 행위자인 대통령과 정책에 직접 참여하는 대통령비서실의 핵심참모인 수석비서관과 주무장관이나 대통령의 신임을 받는 참모들을 대상으로 분석하였다.

연구에 활용된 자료는 1차 자료로서 각종 통계자료와 정부문서 및 정책홍보자료 등을 수집하였고, 신문, 잡지의 기사 및 관련 연구 논문의 2차 자료를 활용하였다. 특히 정책결정과정에서 대통령을 중요한 정책행위자로 취급하고 있는데, 세 대통령의 리더십 분석을 위한 자료가 충분하지 않았기 때문에 대통령에 관한 일부 저널과 학자들의 연구논문을 활용하였다.

미국에서는 대통령에 관한 연구가 활발하게 진행되었는데, 그것은 대통령에 관한 자료나 회고록 등이 존재하기 때문에 가능하지만 우리나라의 경우 대통령 개인의 성장배경과 임기 중의 행위를 기술한 자료가 충분하지 못하다.[6] 이러한 이유로 객관적인 입장에서의 대통

---

6) 미국은 조지 워싱턴 초대 대통령부터 부시 대통령에 이르기까지 모든 자료나 회고록 등이 남아 있어서 대통령을 연구하는 데 큰 문제가 없다. 이는 한국의 민주주의 역사가 짧다는 데도 기인하지만 간단하게 생각해서 미국에 비해 대통령을 평가하고 있는 자료나 대통령 회고록 등이 별로 없기 때문이다. 합법적인 절차에 의해 정권이 이양되거나 임기 후에도 전임 대통령의 통치행위에 대한 법적 처벌 등이 뒤따름으로 해서 전직 대통령이 국민들에게 대통령으로서의 긍지나 자부심을 갖지 못한다. 국민들 의식 또한 전직 대통령에 대한 정당하지 못한 통치행위나 잘못된 정책에 대한 비판의식이 강하기 때문에 자서전이나 회고록에 대해 회의적인 면이 이러한 기록들을 남기지 못하게 하는 이유 중

령 연구는 제한적일 수밖에 없고 재임 중에 정책실패들에 대한 편협한 시각으로 분석을 하게 된다. 또한 정책결정과정에 영향을 미친 리더십의 특성들을 분석하기 위한 기초 자료를 확보하는 데 많은 문제점이 있다.

의 하나가 된다.

제 2 장

이론적 배경과 분석틀

제1절 정책참여자와 정책결정 패러다임

1. 정책참여자

1) 공식참여자

공식적 참여자란 정책결정에 직접적으로 영향을 미치거나 참여하여 정책의 방향과 내용을 결정하는 주체를 말한다. 즉 행정부를 비롯한 입법부, 사법부 등 공식적인 기구를 통한 정책참여 주체자를 말한다. 정부패러다임적 정책결정에서는 공식참여자 외에 비공식적 참여자들이 크게 제한되는 양상을 띠고 폐쇄적인 정책체제 속에서 정책결정이 이루어지기 쉽다. 사회가 분화되고 안정된 서구 다원주의사회와는 달리 불안정적이고 사회가 미분화된 체제에서는 더욱 그러한 현상이 많이 나타난다. 그것도 발전도상국과 군사정권하에서는 공식참여자 중에서도 행정부, 행정부 내에서도 대통령과 비서실, 그의 측근으로 극히 제한되는 경우가 많다. 금융실명제 정책결정도 예외는 아니었다.

2) 비공식참여자

비공식적 참여자란 정책결정에 간접적으로 영향을 주고 직접 정책결정을 좌우하지 않는 주체로서 정당, 이익집단, 시민 및 시민단체, 언론 등 행정환경에 속하는 주체들을 말한다. 발전도상국이나 군사적·관료적 권위주의 정권에서는 비공식 참여자의 참여의 범위는 매우 제한되며, 특히 시민단체 등 사회 내의 제 집단들이 덜 결집화되어 있고, 영향력도 약하여 무의사결정 등이 많이 나타나며, 국가조합주의적 사회통제로 더욱 제한되었다.

2. 정책결정 패러다임

1) 정부 패러다임적 정책결정

정부패러다임적 정책결정이란 정책결정과정에서 정책공동체, 공청회 등의 방식을 취하지 않고 사회와의 연계와 협력적인 관계가 아닌 정부중심적 운영방식으로 이루어진다. 이러한 정책결정 방식은 의사결정비용은 낮지만 사회적 합의가 이루어지지 않아 집행비용이 높아지며 사회적 갈등으로 인한 사회적 비용이 높아지게 된다. 이러한 측면에서 금융실명제는 정책의제설정은 경실련을 비롯한 사회 시민단체의 음성적 정치자금 차단과 투명사회의 조성의 목적으로 외부주도형으로 이루어졌지만 시민사회나 전문가 등의 참여로 절차적 합리성이 결여되어 있었다. 따라서 정책의 안정성과 지속성이 확보되지 못했다. 연구 대상 정부 별로 각각 특색이 다르게 나타났으나 오늘날의 거버넌스 사회에서 평가해 볼 때, 세 정권에서 나타난 공통적인 특색은 절차적 합리성과 민주성이 문제시 되고 있다.

2) 거버넌스 패러다임적 정책결정

거버넌스적 정책결정 패러다임은 대통령을 중심으로 사회적 또는 정치적 합의가 없는 폐쇄적인 정부중심적 정책결정 패턴과는 달리 개방성을 특징으로 정책공동체 구성 등을 통해 정책결정과정에서 이해집단 간의 참여 확대로 인한 참여의 제도화, 절차적 합리성 확보, 정책의 실효성 제고, 새로운 정책에 대한 사회적 갈등 해소 및 정책의 안정성과 지속성을 추구하는 패러다임이다. 거버넌스는 합의로 가는 과정이 쉽지 않고 의사결정 비용의 추가라는 한계도 있지만 일단 조정되면 집행비용 및 사회적 갈등을 최소화함으로써 국가전체의 이익을 수반한다.

제2절 금융실명제 정책환경과 행위자

1. 정책 환경과 정책 체제

정책 환경과 정치체제는 산출물인 정책결정의 결과를 만들어 내는 기본적인 관계를 형성하고 있다. 환경과 상호 작용을 하는 모든 체제는 환경으로부터 오는 투입(input)을 체제 내에서 전환(conversion)을 통해 산출(output)하고 다시 환류(feedback)하는 일련의 과정을 반복하면서 체제는 유지된다. 정책을 정치체제의 산출물로 보면 정치체제의 속성에 따라 정책의 내용이 달라질 수도 있다.[1] 정치체제는 요구(demand)와 지지(support)를 환경으로부터 받아들여 산출물을 내

---

1) 정정길, 「정책학원론」, (서울: 대명출판사, 1997), p.89.

보내는데 이것이 정책이다.

여기서 말하는 정책 체제는 정책을 산출해 내는 체제로서 정치체제와 구별해 볼 때, 체계분석모형2)에서와 같이 정치적인 요구와 지지가 정치체제에 투입되고 전환과정을 거쳐 산출이 다시 환류하는 과정에서의 전환을 담당하는 폐쇄영역인 정치체제와는 차이가 있다. 즉 금융실명제 정책 환경이 정책 체제에 투입되고 투입된 정책 환경의 영향을 받아 정책 체제에서 정책 행위자들이 상호 작용하는 개방된 영역을 말한다.

금융실명제의 정책 체제에 투입되는 정책 환경은 정치상황과 정권의 성격, 그리고 정권의 이해관계로 보고 있다. 금융실명제는 전·노·김 세 정권에서 모두 정치적 성격이 강하게 작용한 정책이며, 또한 세 가지 정책 환경은 정치적 환경변수로 작용했다. 따라서 이 세 가지 정책 환경은 정치적 목적을 추구한 금융실명제 정책결정과정에 영향을 주는 환경변수이며, 환경변수의 영향을 받아 세 정권의 대통령과 정책행위자들이 실명제 정책의 실시결정을 놓고 상호 작용하였는데, 그 결과로 산출된 각 정권마다 실명제 정책결정결과의 특성이 달랐다.

첫 번째로, 정치상황은 정부의 자율성에 작용하는 영향력 있는 정책 환경인데, 대통령과 정책행위자들이 정치상황의 변화에 따른 대응으로 정책을 제시한다. 또한 제시된 정책을 결정하는 과정에서 대통령과 정책행위자들이 상호 작용하여 정책의 결과를 산출하게 된다. 정치상황에 대처하기 위해 정책행위자들은 정책을 창출하며, 정책결정에서 영향을 준다. 또한 정치상황은 정부가 이에 대처하는 정책대안의 내용을 결정짓기도 한다. 특히 정치상황의 불안정은 정권으로 하여금 경제성장이나 복지정책의 확충 등을 통해 체제안정을

---

2) James E. Anderson, <u>Public Policy-Making</u>(New York, CBS College Publishing), p.15.

도모하는 정책추진을 유발시킨다. 특히 권위주의 정권은 정치적 지지를 확보하기 위해 경제성장에 주력하기 때문에 넓은 의미의 정치상황은 경제상황과 여론까지도 포함할 수 있다.

정치상황은 정권창출과정에서 파생된 체제적 정당성의 문제와 연결되고, 정치과정의 결과에 대해 국민으로부터 받는 정권의 평가에 의한 정부의 정당성의 문제로 규정할 수 있다. 분석대상인 전 정권은 군사정권으로서 체제적 정당성이 가장 문제시되는 정권이며, 노 정권은 군사정권의 연속선상에서 성립된 정권이라는 점과 권위주의 군사정권과 문민정부로 전환되는 과도기적 정권으로서 체제적 정당성이 전 정권보다는 어느 정도 확보된 정권이지만 정치과정에서 정부의 정당성이 결여된 정권이다. 김 정권은 체제적 정당성이 가장 확보된 정권으로서 정부의 정당성을 뒷받침해 주었다.

이러한 정당성의 문제는 정권의 성격과 인과성을 가지며, 정권의 창출과정에서 체제적 정당성이 미흡한 권위주의적 군사정권과 민주화로 진행되는 과정의 과도기 정권, 체제적 정당성이 확보된 문민정권으로 정권의 성격을 규정해 볼 수 있다. 정권의 성격이 환경변수로 작용하는 것은 두 가지 측면에서 볼 수 있다. 정권의 성격 자체가 결정과정에 영향을 준 것을 설명하고, 또 하나의 측면은 정권의 성격과 연관된 보수 세력과 개혁 세력 등이 정책행위자로서 금융실명제 정책결정에서 상호 작용하여 정책결정의 특성을 산출한다.

정권의 성격을 세 가지로 나누어 보았는데, 전 정권의 군사적 권위주의 정권은 체제적 정당성의 미흡으로 정치적 불안정이 상존하고 있기 때문에 항상 체제도전세력으로부터의 저항을 보수적 정치세력은 염두에 두지 않을 수 없다. 따라서 보수정치세력들은 정권의 유지와 나아가서는 전 정권을 통해 계속해서 정치세력으로 남아 있기를 원하기 때문에 정치사안과 관련된 국가의 정책에 깊숙이 관여하는 특징을 갖고 있다. 즉 정치기득권이 박탈당하거나 재집권에 영향을 주는 정책에 대해서는 첨예한 정책행위를 한다는 것이다.

노 정권의 과도기적 정권도 권위주의 군사정권의 연속선상에서 창출된 정권이므로 정도의 차이는 있지만 이러한 논리에 의해 보수정치세력들의 정책행위가 결정된다. 그러나 김 정권은 문민정부로서 체제적 정당성의 문제가 희석되었기 때문에 전 정권에서의 정치보수세력들이 보이는 정책행위의 양태보다는 권위주의 정권과의 차별성을 강조하면서 문민정부의 개혁분위기에 편승하는 정책행위가 나타난다.

마지막으로 정책행위자들의 이해관계가 정책결정과정에서 정권의 이해관계로 표출되는 데 정책실시를 놓고 이해관계에 따라 정책행위자들이 어떻게 상호 작용을 하여 정책결정의 결과가 산출되었는지를 알 수 있다. 정권의 이해관계는 정치적 안정과 재집권을 위해 정치자금 확보를 위한 정책행위자의 이해관계와 실명제를 통해 정치적 목적을 달성하려는 권력의 중심인 대통령이 갖는 개인적 이해관계로 나누어 이들의 이해관계가 금융실명제 정책결정과정에서 표출되어 상호 작용하는 것을 분석하고 있다.

2. 정책행위자의 특성과 상호 작용

1) 대통령

대통령제를 채택하고 있는 국가의 정책결정과정에서 최고 정책결정자는 대통령이다. 또는 대통령은 최고 정책결정자이자 국가라는 거대한 조직의 리더이다. 국가지도자인 대통령은 여타 조직의 지도자와는 상당히 많은 차이점을 가지고 있다. 국가나 조직의 목표를 달성한다는 점에서는 일치할 수 있으나 대통령은 시대적 상황과 역사적 요구에 맞는 지도이념을 소유해야 하는 거시적인 차원에서의 지도자이다.

그러므로 국가정책의 최고 결정자인 대통령은 국가의 당면과제에 대해 어느 누구보다도 제일 먼저 책임을 부여받은 사람이다. 이를 해결하는 과정에서 무엇보다도 국민들의 지지와 참여가 요구된다. 국민들의 지지와 참여의 원천은 정치적 정당성과 정통성을 시작으로 정부의 정책집행능력이나 대통령 개인의 탁월한 지도력이라 할 수 있다. 그러나 우리의 역대 대통령들은 '여론 지도자'라기 보다는 '독재자' 아니면 '인기편승자'였다는 것이 일반적인 인식이다.3) 또한 국가 최고 지도자인 대통령은 임기 동안 국가의 안위와 번영을 위해 최선을 다하는 봉사자로서의 역할보다는 권력의 최고 정점에서 국민들에게 군림하는 잘못된 정치관을 바탕으로 한 통치자로서의 이미지가 강하게 부각되었다.

대통령의 역할을 리더십 행사라고 볼 때, 여론에 충실하고 민주적인 합의절차를 중시할 수도 있지만 정권의 정당성의 미흡으로 인한 정치적 위기 등을 권위적인 통치로 국민을 억압하는 통치 행태를 보일 수도 있다. 정당성의 문제는 없더라도 절차를 무시하는 대통령의 독선적인 행위나 물리적인 수단을 자주 동원하는 성향의 리더십 행사는 통치기구가 대통령의 시녀로서 활용된다.

전두환, 노태우 정권에서는 정치적인 문제를 보안사가, 김영삼 정권에서는 개혁과 사정에 검찰청, 국세청 등이 동원되었다. 대통령은 국가가 처해 있는 상황을 파악하고 해결하는 정도에 따라 국민들로부터 평가를 받기 때문에 정권의 정당성을 기초로 또는 대통령의 카리스마를 활용하든 국민들의 지지와 참여를 유도할 수 있는 역할을 해야 한다. 이 역할을 수행하기 위해 대통령은 대통령이 소유한 고

---

3) 함성득, "국정성공, 취임 전 68일에 달렸다", 월간조선 1998년 1월호, p.111.

유의 권한과 권위를 활용할 수 있지만 물리적 강제력을 기반으로 할 수도 있다. 그러나 물리적인 수단은 법의 테두리 내에서 사용되어야 하며 탈법적인 통치행위는 오히려 국민과의 괴리를 심화시킬 수도 있다.

정책결정과정에서는 정책의 최고 결정자인 대통령과 정책과정에 직·간접으로 참여하여 정책의 결과를 산출하는 데 영향력을 행사하는 행위자로 크게 나누어 볼 수 있다. 행위자의 구분은 권위주의적인 정치체제에서 흔히 나타나는 정책결정 메커니즘으로 정책결정의 모든 권한을 행사할 수 있는 대통령의 위치를 간과할 수 없기 때문이다. 그러나 정책의 최고 결정자인 대통령은 많은 결정권한을 가지면서도 다른 행위자들의 압력을 받고 또한 서로 상호 작용하면서 최종 결정에 이르게 된다. 여기서 대통령의 영향력은 리더십에 기인하는데, 정책을 관리하는 유형이라고도 볼 수 있다.

정책관리유형은 정책과정이 처음부터 끝까지 대통령 개인을 중심으로 이루어지거나 하부에 위임을 하면서도 점검과 감독을 병행하는 유형이 있고, 전적으로 하부에 위임하는 등 여러 형태로 나타날 수 있다. 대통령의 리더십에 기초하여 정책결정과정을 분석해 볼 때 정책결정의 결과가 대통령의 특성에 의한 산출일 정도로 정책결정과정에서 많은 비중을 차지한다. 또한 정책결정 메커니즘이 대통령의 정책관리유형이 권위적인 유형과 민주적인 유형에 따라 정책과정은 지배받기도 한다. 이렇게 대통령의 정책관리특성에 따라 다른 행위자들도 영향을 받게 된다.

통치성향으로서의 대통령이 소유한 권위주의적 성향은 권위주의적 성격에서 나타난다.[4] 대통령의 권위주의적 통치는 행정우위현상과 같은 권력구조의 불균형에서 나타나며, 정치과정의 경쟁원리는 무시

---

4) T. W. Adorno, The Authoritarian Personality, (New York: Harper and Row), 1950.

되고 정치의 경쟁원리의 주체인 정당이나 의회 등이 퇴보하는 반면 정부의 기능이 억압적 기제로 바뀐다.5) 정부의 관료들은 중립성을 잃게 되며 대통령의 지배도구 수단으로 종속된다.

특히 대통령의 비서실과 같은 측근 관료들은 지시와 복종의 철저한 관계로 틀지어지면서 대통령은 더욱 권위주의적인 행태를 띠게 된다. 따라서 이 리더십은 정책과정에서 토론과 합의의 과정이 배제된 정책과정 메커니즘적 리더십으로서 정책과정에서 대통령의 독단적인 결정양상을 보인다. 또한 권위주의적 리더십은 모든 결정을 독점하고 지도자와 추종자의 관계를 일방적인 명령과 지시의 관계로 인식한다.

강력한 힘의 정치와 집행의 특징을 가진 리더십이라 할지라도 정책결정과정에서는 합의를 바탕으로 한 의사결정을 존중하고 참모들의 의견을 잘 들어주는 민주적인 스타일을 보일 수도 있다. 그것은 대통령이 특정 정책에 대한 직무지식의 부족으로 참모들의 의견을 잘 수렴할 수밖에 없기 때문에 합의의 과정과 설득을 전제로 지도자와 추종자의 관계를 원활하게 의사전달을 보장하는 수도 있다. 이것은 모두 대통령 개인적 성향과 대통령의 비서실, 참모진과 같은 제도적인 요소에 의해서도 설명이 가능할 수 있다.

대체적으로 강력한 정책 집행의지를 소유하고 있는 리더십 유형은 국민들에게는 관료적 통치의 성향을 인식케 하고 여론을 수렴해서 정책을 이끌어 가지 못하는 특징을 가지고 있다. 또한 정책결정과정에서 새로운 정책이나 이슈에 대해 참모들의 의견을 수렴하지 않고 통치성향이 강하기 때문에 대통령 개인의 독단적인 판단과 결정을 하는 성향을 가질 수 있으며, 정책집행과정에서는 철저한 확인과 감독으로 하부구조는 참신한 아이디어가 나오지 않는다. 하부구조는

---

5) 김호진, 앞의 책, 1990, p.53.

대통령의 지시에 따르기만 하고 보신적인 입장에서 대통령의 눈치만 살피게 된다.

정책결정과정에서 대통령은 자신이 추구하고자 하는 정책을 실현시키기 위해 대통령의 합법적인 권한을 통해 영향력을 행사한다. 또는 설득으로 추종자들에게 자신의 정책의지를 이해시키거나 명령을 수단으로 삼는다. 이러한 모든 관리방식은 대통령에 따라 다른 리더십에 기인하지만 정책결정과정에서 대통령을 조언하고 보좌하는 참모들의 영향력도 중요한 요인이라고 할 수 있다. 즉 정책 체제에서 대통령을 중심으로 행위하는 정책행위자들의 관계에서 정책결정이 이루어지고 있다는 점을 중시해야 한다.

대통령이 어떤 리더십으로 어느 점에 더 치중되어 역할하였는가에 따라 체제가 결정되는 것은 아니지만 운영방식이 영향을 받는다. 리챠드 로즈가 분리한 것처럼 대통령의 역할은 정치과정과 통치과정으로 나누어 볼 수 있는데, 정치 과정은 사회저변에 깔린 수많은 이해(interest)들, 때로는 서로 충돌하는 견해와 이해들이 복잡한 과정을 통하여 정책결정에 반영되는 과정전체로 보고 있다.[6] 통치과정은 정책이 채택된 이후에 필요단계인 정책수행과정과 관리과정을 지칭한다. 행정부는 이 공공정책을 정책의 목적에 맞게 효율적으로 수행하는 임무를 가지고 있고 대통령은 행정부의 수반으로 정부정책 수행과정을 총체적으로 지휘, 감독, 관리하는 책임을 가지는데, 이러한 행정과정 전부를 로즈는 통치과정이라고 규정하고 있다.[7]

이러한 정치과정과 통치과정에서 나타난 대통령의 권한행사와 역할에 따라 대통령의 리더십을 설명할 수 있다. 즉 정치과정에서 대

---

6) Richard Rose and Ezra N. Sulleiman, eds., <u>Presidents and Prime Ministers</u>, 1980. 김종림, "대통령의 정책역할론: 이론과 현실", 한국행정학회 춘계 학술심포지움논문, 1992. 4. 16. p.5에서 재인용.
7) 김종림, 위의 글, p.6.

통령은 국가의 운명을 좌우할 수 있는 위치에 있는 국정의 최고 책임자로서 국가와 사회가 지향해야 할 비전을 제시하거나 국민이 원하는 바가 무엇인지를 잘 이해하고 적절히 대처하는 능력이 있어야한다.

또한 국가정책의 입안과 이를 추진하는 과정에서 국민을 설득하고 사회를 동원할 역량이 있는 리더십을 소유해야 한다. 통치과정에서 나타난 리더십은 정책을 추진할 수 있는 능력을 의미하는 것이며, 대통령의 리더십은 통치과정과 정치과정 모두에서 평가받는다. 그러나 정치과정에서 나타나는 리더십과 통치과정에서 나타나는 리더십들의 적절한 조화가 문제로 제기될 수 있다. 다시 말해서 통치과정에 집중하는 리더십은 정책추진에 정부의 능력을 집중하게 되고, 정치과정에 지나치게 편중된 리더십은 정책수행보다는 정책내용이나 여론을 의식할 수 있기 때문에 효율적인 정책수행이 어렵다. 통치성향에 의한 리더십이 정책결정에서도 그대로 나타날 수가 있기 때문에 대통령을 정책결정에서 많은 비중을 두고 분석이 이루어지고 논의의 대상이 되고 있다.

공공정책을 추진하는 과정에서 대통령은 그의 특성에 기인한 리더십을 바탕을 둔 정책관리방식이 나타난다. 대통령을 중심으로 한 정책결정 메커니즘이 익숙해진 체제에서는 절차를 중시하고 합의를 기반으로 한 정책결정은 기대하기 어렵다. 이러한 현상은 민주주의 제도가 성숙되지 않은 정치체제에서 쉽게 볼 수 있는데, 대부분의 군사정권에서 그 예를 찾을 수 있다.

또 정권창출 직후 지나친 개혁을 앞세운 정권의 의지로 비롯되기도 한다. 따라서 정책결정과정에서는 절차와 합의를 기반으로 한 정책메커니즘과 정책집행에 있어서는 강력한 추진력을 발휘하는 통치과정과 정치과정이 잘 순환되어 나타나는 정치체제와 대통령의 역할이 중요하다. 그리고 대통령은 정치체제를 기본으로 하는 국정의 모든 분야에서 강력한 권력의 소유자이며, 집행자일 뿐만 아니라 생산자[8]의 기능을 함께 소유하고 있다. 그러나 모든 정책에 대해서 대통령이 마지막 정책단계에서 최종적인 결정권을 가지고 있지만 대통령비서실의 전문적 지식에 의존하지 않을 수 없다. 따라서 대통령비서실의 기능과 역할에 대한 관심이 증대된다.

대통령비서실은 통치행위를 보좌하고 원활한 국정수행을 위해 존재한다고 볼 수 있다. 따라서 대통령의 업적을 극대화하기 위한 조직 관리와 대통령의 업적을 국민에게 전달하여 긍정적 이미지를 극대화하는 상직조직으로서의 역할, 그리고 대통령이 언론, 압력단체, 국민에게 대통령의 통지과성과 정책창출을 상호 작용을 통해 알리는 커뮤니케이션 등의 기능이 작동해야 한다.[9] 이러한 기능과 역할이 잘 수행될 때 원활한 국정운영이 이루어진다. 다시 말해서 대통령비서실의 비서관은 대통령의 선거공약을 충실히 이행하고 국가의 주요 정책을 성공적으로 수행하기 위해 각 부처에서 토의된 최종안을 수렴하여 대통령이 합리적인 정책선택과 결정을 할 수 있도록 가장 측근에서 영향을 주는 정책팀이라 할 수 있다.

이러한 대통령비서실의 조직을 통해 대통령은 국민으로부터 인기와 지지, 그리고 신망을 얻어야 하며, 이에 대한 유지는 국민을 위한 정책을 계속해서 추진함으로써 가능하다. 특히 선거공약의 이행은 대통령을 보좌하는 비서실을 효율적으로 활용함으로써 가능하다. 또한 무엇보다도 대통령은 정권의 도덕성 유지와 권력부패와의 단절을 통해 대통령으로서의 위치를 확보할 수 있으며 정책의 효과를 기할 수 있다.

---

8) Carl J. Friedrich, "Man and His Government", Power and Leadership, (New York: McGraw-Hill, 1963), p.170.
9) 최평길. 박석희, "대통령실의 조직, 정책, 관리기능 비교연구", 「한국행정학회보」, 제28권 제4호, 1994년 겨울호, p.1233.

2) 수석비서관과 장관

정책 체제에서 대통령과 함께 정책결정에 참여하는 핵심참모는 전문적인 지식을 가지고 정책에 깊이 참여하는 수석비서관과 해당 정책과 관련한 행정부처의 장관을 말한다. 수석비서관은 정책결정과정에서 가장 주요한 역할을 하고 있는데, 정책논의단계부터 대통령이 이들에게 자문을 구하고, 또 이들은 전문적인 지식을 바탕으로 대통령의 정책의지를 받들거나 정책의 내용, 실시 시기 또는 정책의 효과 등을 광범위한 시각으로 자문하고 있기 때문이다. 따라서 비서실을 중심으로 대통령의 전문적인 정책자문을 전담하는 수석비서관은 대통령 다음으로 정책방향과 결정에 막강한 영향력을 행사하는 것이 통례이다.

그 다음으로 행정부처의 장인 각부의 장관들은 일부 장관을 제외하고는 관련 정책에 대한 전문적인 지식을 바탕으로 대통령에게 정책보좌를 하고 정책결정에 직접 참여하여 영향력을 행사하기보다는 대부분이 대통령과의 개인적인 친분관계나 여러 가지 형태의 정권의 이해관계 등으로 결정과정에서 영향력을 행사하고 있다,

정책을 추진하는 과정은 각부 장관과 대통령을 중심으로 각종 회의를 거쳐 이루어지는 것이 일반적인 예이다. 반면에 정치적인 이해관계나 특정 목적을 가진 정책의 대부분은 대통령비서실에서 모든 것이 논의되고 결정되고 있다. 대통령과 장관은 국민의 생활에 가장 밀접한 현안 문제를 중심으로 연계되며, 장관은 국가의 주요 정책과 관련하여 정책결정과정에 직접 참여하는 정책입안과 정책집행과정의 주요 핵심이라고 말할 수 있다.

수석비서관과 마찬가지로 장관도 대통령의 신임정도에 따라 정책이 채택되고 수정되기도 하면서 정책집행의 강도가 결정된다. 대통령을 중심으로 한 정책 체제에서 수석비서관의 영향을 더 받을 것이냐, 장관들의 영향을 더 받을 것이냐는 단정적으로 말할 수는 없지

만 대통령의 신임정도가 정책의 방향과 집행에 중요한 변수가 되기도 한다. 대통령의 신임은 개인적인 충성심과 같은 측면에서 다루어질 수도 있고 대통령의 정책이념과 일치하거나 대통령의 정책의지를 잘 이해하고 강력하게 집행할 수 있는 참모의 역량의 측면에서도 이해될 수 있다.

정책 환경인 정치상황이 정책결정과정에 영향을 준다는 것과 그 정도의 차이는 대통령의 리더십과 통치스타일에 따라 다르게 나타날 수 있다. 대통령에 따라 정치상황을 무시하고 통치를 하거나 상황을 통제하여 자신이 의도하는 방향으로 정책을 추진할 때는 상황이 정책 체제에 투입되는 정도에 차이가 있다. 핵심참모는 상황에 영향을 받는 것보다는 주로 대통령과의 밀접한 관계를 유지하면서 대통령의 정책의지를 강화 또는 약화시키는 이중적인 기능을 갖고 있다.

대통령의 정책의지를 강화시키는 경우는 대통령의 리더십이 강해서 그의 정책의지가 핵심참모들을 주도할 경우이다. 왜냐하면 핵심참모들은 어느 정권에서나 전문지식을 갖춘 참모 또는 측근으로 구성되기 때문에 이해관계에 있어서 많은 이견이 발생하지 않으며 대통령을 중심으로 정권유지 차원에서도 동조하는 자세로 대통령의 입장에서 역할을 하는 경우가 많으며 아니면 대통령의 독선으로 제 기능을 다하지 못하게 된다.

반대로 핵심참모들과의 관계에서 대통령의 정책의지가 약화되는 경우는 우유부단한 리더십과 확고한 정책의지가 부재할 때 핵심참모들은 그들의 이해관계를 반영시키려하고 정책추진으로 인한 부작용 등을 이유로 반대의사를 표명하며 자신의 의지를 정책에 반영시킨다. 이러한 가운데 대통령은 정책의 표류에 직면하고 결정을 철회시키게 된다.

대통령의 리더십이 정책결정을 주도하지만 영향력 있는 핵심참모들은 대통령의 정책의지를 바꾸거나 대통령의 정책의지를 더욱 강화시켜 정책의 방향을 결정하는 가장 주요한 요인으로 역할을 한다. 그만큼 정책결정과정에서 핵심참모의 영향력이 크게 작용하는데, 그 중에서도 수석비서관은 대통령 다음으로 영향력을 가지고 있다. 그것은 그들이 가지고 있는 전문성과 대통령의 정책이념을 가장 잘 이해하는 인물들로 임용되고 대통령과 함께 정치생명을 같이 하기 때문이다. 반면에 장관은 수석과 상대적으로 조각 자체가 전문성과 행정능력을 바탕으로 임용한다고 하지만 실제로는 정치적인 이해문제나 인물에 대한 여러 가지 균형성이 고려되어 임용되기 때문에 개각 등을 통하여 장관이 자주 바뀌는 현상이 일어난다.

따라서 우리나라의 개각들은 여러 가지 현안 문제에 관련하여 책임을 지고 물러나는 일종의 정치위기를 극복하는 대안이 된 것이 사실이다. 이와 같은 현실로 미루어 볼 때 대부분의 장관은 수석비서관에 비해 임기도 짧고 전문적인 지식의 부족으로 정책결정에 깊이 관여할 수 있는 입장이 못 되고 있다.

권위주의적인 정치체제에서는 정책결정 메커니즘도 대통령을 중심으로 이뤄져 있는 것이 보편적인 현상이다. 이러한 정책결정방식은 대통령 개인의 판단력이나 성격 등과 같은 특성에 의해 많이 좌우된다. 정책 체제에서 핵심참모들, 즉 대통령비서실의 수석비서관, 행정부처의 장관이 대통령의 정책의지와 상호 작용하게 된다. 청와대에서 사전에 대통령과 참모들이 일차적으로 정책에 대한 논의가 이루어지는 경우가 많다. 따라서 대통령 비서실장을 비롯한 여러 비서들의 정책조언이 이루어지는데, 그중에서도 수석비서관들의 전문성은 대통령이 정책자문을 받게 되는 가장 큰 이유 중의 하나이다.

이러한 이유로 대통령의 정책 체제 중 대통령을 보좌하고 있는 비서실을 가장 중요하다고 말하고 있다. 특히 전문적인 지식을 바탕으로 정책결정과정에서 대통령을 조언하고 정책의 방향을 설정하는 수석비서관들의 역할이 강조된다. 이들은 정책의 내용과 정책과정에서 오는 결과들을 점검, 보고하고 대통령의 정책의지를 강화시키거나 정책내용이 문제가 있다고 생각할 때 대통령에게 자문하여 정책을 중단시키기도 한다.

수석비서관들과 각 비서들을 조정·통제하는 비서실장은 대통령의 통치이념을 명확히 해석하여 비서관과 관련부처에 지침을 하달하는 전반적인 것을 총괄하는 기능을 갖고 있다. 비서실장의 역할이 갈수록 복잡해지고 다양해지고 있으며, 행정역할뿐만 아니라 정치적 역할로서의 요구가 증대되고 있는데, 이러한 비서실장의 역할변화는 대통령의 통치유형과 정치상황에 따라 크게 좌우된다.[10] 그러나 비서실에서 대통령과 함께 정책결정에 참여하는 사람들은 주로 수석비서관이기 때문에 이 논문에서 비서실장의 영향은 중요하게 다루지 않고 있다. 수석비서관들의 역할과 영향력에 대한 논란은 어느 정권에서나 시비가 계속되어 왔지만 가장 측근에서 정책자문은 물론 정치적인 역할을 동시에 수행하고 있기 때문에 수석비서관에 대한 관심은 더욱 증대될 것이다.

대통령의 기대는 항상 재집권과 역사적으로 위대한 대통령으로 평가받는 것일 것이다. 따라서 대통령 비서실을 효율적으로 조직하고 관리하며 최고의 전문성을 가진 엘리트로 충원하려 하고,[11] 대통령의 정책의지를 잘 이해할 수 있는 참모로 비서실을 조직하려 한다. 대통령은 국가정책의 최고 결정가로서 어느 정권에서나 현안문제인 정치·경제상황에 관련한 정책의 내용과 방향을 결정한다.

비서실은 국가의 정책이 결정되는 과정에서 대통령에게 자문하고 대통령이 올바른 결정을 할 수 있도록 도와준다. 이 과정에서 대통령의 정책 의지와 일치하는 경우도 있고 대통령과의 의견이 일치하

---

10) 최평길, "대통령실의 조직, 정책, 관리기능 비교연구", 한국행정학회 동계학술대회 발표논문, 1994, p.324.
11) 위의 글, p.313.

지 않아 정책결정이 번복 또는 표류, 더 나아가서는 대통령의 의지대로 정책이 집행되지 않는 경우도 있다. 따라서 정책 체제에서 대통령을 제외한 정책행위자들의 역할을 정책행위자 중의 하나인 대통령과 함께 고려되어야 할 요소이다.

수석비서관들은 대통령이 특정분야에 관해 전문지식이 부족하기 때문에 잘못된 방향으로의 정책결정과 무분별한 통치에 대해 통제하고 그들이 옳다고 생각하는 방향으로 대통령을 유도할 수 있다. 그러므로 수석비서관들은 전문성을 갖고 있으며, 국민에게 약속한 대통령의 선거공약을 이행하는 정책의지와 대통령의 통치행위를 지지하는 의사를 가지고 있는 사람들이다.[12]

제5공화국 초기 전두환 대통령의 경제수석비서관인 김재익은 경제 안정원칙에 반대하는 많은 세력을 배제시키고, 모든 경제정책에 있어서 안정원칙을 원칙적인 이데올로기로서 강력하게 추진토록 전두환을 설득시켜 그의 의지를 실행했다.[13] 또한 수석비서관은 대통령의 정책의지에 많은 영향을 준다는 것과 대통령 비서실의 조직, 정책, 관리기능의 체계화와 효율화는 대통령 업적의 극대화를 위해 반드시 필요한 전제조건이라는 것은 분석결과에도 나타났다.[14]

비서관은 대통령의 개인적인 사항과 국정에 관한 모든 사항을 잘 알고 있으며 전문성을 갖고 있기 때문에 대통령은 이들에게 의존하고 대통령으로서의 리더십을 발휘할 수 있는 근간이 된다. 따라서 각 비서관은 뛰어난 정보 분석능력과 미래지향적이고 거시적인 안목을 겸비한 전문 관료로 충원되는 것이 보통이다.

그러나 새롭게 시작되는 정권의 경우나 특히 정당성이 미흡한 군

---

12) 위의 글, p.310.
13) 정정길, "대통령의 정책결정과 전문 관료의 역할: 경제정책의 경우를 중심으로", 「한국행정학회보」, 제23권 1호, 1989, p.83.
14) 분석결과 등 자세한 사항은 최평길, 앞의 글, pp.314-317 참조.

사정권은 정치적 안정이 이루어지기 전까지는 대부분이 전문성보다는 충성심이 우선이며 정권창출과정에서 공헌한 대통령의 심복으로 구성되는 경우가 많다. 다시 말해서 정권초기에는 각종 개혁 등 국민에게 호응을 얻을 수 있는 정책을 추진하기 때문에 비서실로 하여금 정부 각 부처에 대한 통제를 효율적으로 해나가야 하며, 이를 관리하는 기능을 보유하고 있어야 하므로 대통령의 모든 의지와 신념을 잘 알고 이해하는 밀접한 관계를 가지고 있는 사람으로 충원되어야 함은 자명한 사실이다.

비서실의 구성에서 행정적인 역할을 하는 일반 비서관은 대통령과 직접적인 교류는 그렇게 흔치 않다. 그러나 수석비서관은 모든 정책의 목표와 과정을 대통령과 직접 관리하고 전문적인 지식을 바탕으로 대통령의 정책의지도 바꿀 수 있는 능력을 가지고 있다.

대통령은 정책의 종류와 중요성의 정도에 따라서 비서실장이나 각 비서관들과의 일차 접촉을 갖는다. 이강로는 비서실을 중심으로 한 정책결정과정에서 대통령의 리더십이 어떻게 행사되는가를 비교하였다.[15] 여기서 대통령의 리더십이 나타나게 되는 요인을 구조적 요인과 개인적 요인으로 나누어 어떻게 작용하는지를 살펴보았다. 첫째, 구조적 요인은 정치·경제적 구조 및 여론과 같은 상황적 요소, 대통령과 비서실을 포함한 주요 권력기관의 역할과 관계인 대통령의 권력기반으로서 이들이 리더십을 결정한다는 것이다. 둘째, 개인적 요인으로서 대통령의 정치관 또는 직책에 대한 이해정도, 대통령과 보좌관들과의 관계, 그리고 정책의 성격이 대통령의 리더십에 영향을 미친다고 보았다.

이러한 논리는 대통령이 가지고 있는 본래의 리더십을 변화시킨다고 보아서는 안 되며 다만 대통령의 리더십 행사에 영향을 주고 있

---

15) 이강로, "대통령의 지도력과 정책결정요인의 비교: 박정희, 전두환, 노태우 대통령과 비서실", 한국정치학회 하계학술대회 논문, 1992, pp.495-496.

다는 것으로 해석하는 것이 타당하다. 정책의 성격과 내용에 따라 대통령 단독으로 결정하는 경우도 있고 전문지식을 갖춘 수석비서관들의 의견과 지식에 의존하는 경우가 대부분일 것이다. 이렇게 수석비서관이 정책결정과정에 큰 영향을 주고 있다고 볼 때, 이들에 대한 연구가 더욱 활발히 이뤄져야 하며, 대통령과 비서실이 정책결정과 집행 및 전체의 정책과정에서 어떻게 합의과정을 이루어 나가는가 하는 문제도 중요하다.

3) 여 당

일반적으로 정당은 정치활동을 통해 공통된 정치적 주의나 주장을 달성하기 위해 조직된 정치단체이다. 정당 자체로는 그들의 목적을 달성할 수 없기 때문에 여론을 활용하고 있다. 여론이 원하는 방향대로 정책과정에 영향력을 행사하여 국민들로부터 지지를 받고 집권을 위한 정치적 활동을 지속하는 단체이다. 다시 말해서 정당은 국민들의 다양한 욕구와 이익을 수렴하여 정책과정에 투입하고 정책결과를 국민에게 전달하는 이익결집과 갈등해소, 정치참여와 행정통제의 기능을 수행하는 제도적 장치라고 할 수 있다.[16]

현대사회에서 일반적으로 정당의 이익표출의 대변역할은 국민 개인과 정당의 관계에서보다는 이익집단을 통해서 이루어지고 있으며, 이익집단의 특정 요구를 일반 정책안으로 전환시키고 있다.[17] 국가에 따라 정당은 집권 여당과 여러 다수의 정당으로 상이하게 이루어지는데, 국가의 주요 정책을 결정하고 집행하는 과정에서 야당보다는 집권 여당의 영향을 가장 많이 받게 마련이다.

그러나 집권 여당은 정책 체제에서 정책과정에서 수석과 장관의 위치에서 정책결정에 직접적으로 관여하여 영향력을 행사하지는 못

---

16) 김호진, 앞의 책, 1990, p.367.
17) James E. Anderson, op. cit., p.37.

하고, 그들의 의견을 최대한 투입시켜 정책결정에 참여하려고 한다. 물론 이들이 항상 주변세력으로 존재하는 것은 아니며, 정치적 이해관계에 관련된 사안과 정권의 유지와 정치적 위기를 미리 막는 위치에서는 이들도 많은 비중을 차지기도 한다. 정책결정에서 직접적인 관여와 영향력을 크게 행사할 수 없는 여당은 사안에 따라 어느 정도는 정책결정과정에 참여하지만 수석비서관과 장관과 같이 국정의 세밀한 부분에까지 참여하여 영향력을 행사할 수 있는 입장은 못 된다.

여당은 정권의 성격과 구성에 따라 많은 차이점이 있지만 정책 체제에서 행위자로서 위치를 점유하면서 핵심참모들보다는 역시 낮은 수준에서 역할을 하게 된다. 즉 정책결정과정에 참여하더라도 정책에 대한 결과에 대해 직접적인 책임보다는 집권당으로서의 정책보완이나 국민의 여론을 의식하는 정책방향의 개선을 시도한다고 볼 수 있다. 그러나 집권당으로서의 정권유지나 재집권과 관련한 정치적 이익이 걸린 첨예한 사안에 대해서는 강력한 정책저항을 표명할 수도 있다.

전반적으로 여당의 입장은 행정부의 정책에 대해서 강한 반대세력으로서의 역할을 하지 못한다. 국회의원이 되기 위한 과정과 당내 중심세력으로 성장하는 것이 최고 권력자의 영향권에 의해 제약을 받기 때문에 대통령의 정책의지에 대해 절대적인 영향력을 행사할 수 있는 위치가 되지 못한다. 그렇지만 정도나 대통령에 따라서 차이는 있겠지만 대통령과 개인적인 관계와 당 차원에서 주요한 인물일 경우는 어느 정도의 영향력도 가질 수 있다. 그러므로 수석비서관과 장관과 같은 핵심적인 위치에서 역할은 못하고 있지만 여당도 정책결정과정에 영향을 준다는 점을 고려하고 있다.

제3절 정부의 금융실명제 정책내용

1. 금융실명제 정책내용

금융실명 거래제는 모든 금융기관에서의 금융거래가 실거래자 명의를 원칙으로 하는 제도이다. 우리나라에서 이 제도의 전체적인 과정은 1961년 7월 29일 제정된 "예금·적금 등의 비밀보장에 관한 법률"로 예금주의 비밀보장과 무기명, 가·차명의 금융거래가 법적·제도적으로 허용된 이후로 무시되었고, 전두환과 노태우 정부에서 무산 내지는 유보로 끝이 난 금융실명제가 김영삼 대통령의 강력한 의지로 1993년 8월 12일 긴급명령으로 다시 본격화되었다.

이러한 과정을 거친 금융실명 거래제에 대한 구체적인 내용은 전두환 정권에서의 사채 양성화와 관련한 실명거래 실시와 종합소득개편을 골자로 한 7·3조치에서 찾을 수 있다. 7·3조치에서 제시하고 있는 실명거래 대상은 은행예금을 비롯하여 단자회사, 상호신용금고 등의 제2금융권 거래 주식, 회사채 등의 증권거래 등 모든 금융거래가 이에 해당된다. 자금출처 조사는 1인당 3천만 원(20세 미만은 7백만 원)까지 실명화시는 자금출처 조사를 면제한다. 자기회사나 계열회사에 투자하는 은행에서 공모하는 주식을 매입하거나 은행에서 정리하는 부실기업을 인수할 경우, 단자 또는 상호신용금고 설립을 위해 출자와 증자할 때 자금출처조사를 면제하며, 장기 주택채권을 매입하는 경우도 자금출처조사를 면제하는 것으로 되어 있다. 그러나 자금출처가 불분명한 자금에 대해서는 5%의 특별과징금을 징수하며 실명시한이 지난 후의 가명거래 시(1983년 7월 이후부터 86년 6월 30일까지)의 경우는 가명예금의 5%의 특별가징금과 86년 7월 이후 실명화하는 가명예금은 그 직전 3년간의 이자소득의 50%를 징수토록 하고 있다.

전두환 정권의 금융실명제가 실시하게 된 동기는 이·장 사건으로 인해 더욱 불거진 정치적 위기를 극복하기 위한 것이었기 때문에 다분히 추진하는 과정은 전 대통령과 경제전문가인 김재익 경제수석비서관과 강경식 재무장관이 비밀리에 추진하였다. 노태우 정권에서의 금융실명제는 전 정권의 7·3조치 내용에 대한 가감이 없었고, 단지 이 정책을 실시할 것이냐를 놓고 금융실명실시단의 구성 등 장기간의 정책준비기간은 있었지만 경제악화의 이유와 경제활성화 명목으로 시행연기로 끝이 났다. 그러나 김영삼 정권은 김 대통령의 철저한 정치적 논리에 입각한 금융실명제는 지하자금을 산업자금으로의 전환과 금융자산의 투명한 흐름으로 정경유착의 고리인 정치자금의 수수를 방지하는 정치·경제적 개혁의 성격을 동시에 갖고 있었다.

2. 각 정부의 금융실명제 정책추진 성격

1) 전두환 정부의 금융실명제

전두환 대통령을 중심으로 한 신군부의 등장은 국민들의 의사와는 다르게 성립된 정권이었으며, 정의사회구현을 내세워 과거 정권과의 차별성 부각 내지는 이미지 쇄신을 꾀하였다. 그러나 새로운 정치체제를 구축하려는 전두환 정권의 의도는 박정희 정권의 권위주의적 정치체제를 더욱 강화시키는 인상을 주었다.

정치적 정당성의 미흡을 극복하기 위해 취해진 일련의 조치들은 국민을 오히려 억압하였고, 부정부패 척결이라는 명분하에 통치기제는 더욱 강화되면서 법을 초월한 통치양상이 많이 나타났다. 또한 국민에 대한 탈법적이고 강제적인 통치수단은[18] 외형적인 정치안정과 민생안정에 기여한 듯 보였으나 정당성의 위기로 인한 정치적 불안정은 정권수립 후에도 군부정권으로서 해결해야 할 숙제로 계속해서 남아 있었다.

시작부터 파생된 정치적 현안문제가 정권의 발목을 잡고 있었기 때문에 국민으로부터 멀어진 정권의 신뢰성을 확보하고 정치적 위기를 극복할 수 있는 새로운 경제정책에 치중하지 않을 수 없었다. 이러한 여건 속에서 발생한 이철희·장영자 금융사건은 대통령 친인척의 이권개입과 함께 정권을 더욱 어려운 곤경에 빠뜨렸다.

이 사건은 이철희·장영자 부부가 1981년 2월부터 '82년 4월까지 공영토건 등으로부터 여러 가지 형태로 1천 7백억 원의 천문학적인 숫자의 어음을 받아 사채시장에서 할인하여 사용한 어음사기사건이었다. 이 사건은 단순한 경제적 사기사건의 차원이 아니라 당시 전체 통화량의 27%나 되는 1조 2천억 원 규모의 사채시장 등 실물경제를 교란시키는 파급효과를 가져와 지하경제의 많은 문제점을 드러내게 되었고, 이로 인해 지하경제의 폐해와 음성적 정치자금에 대한 국민의 의혹을 불러일으키면서 정권의 도덕성에 대한 의심을 심화시켰다.

따라서 정권의 도덕성 회복이 급선무인 전 정권은 이·장 사건의 조속한 마무리와 재발을 막기 위한 금단의 조치를 취하지 않을 수 없었다.[19] 그러나 이러한 조치도 사채시장의 위축으로 인한 자금난

---

18) 박 대통령의 시해사건을 계기로 정권의 전면에 부상한 전두환 정권은 합동수사본부장이라는 직책을 통해 사회 내의 모든 저항세력을 통제할 수 있는 막강한 힘을 소유하게 되었다. 그러나 정당성을 잃은 정권찬탈 과정에서 재야세력의 저항은 전두환의 정권에게는 정권찬탈의 큰 걸림돌로 작용하였다. 따라서 방송국의 통폐합과 기자를 비롯한 정권에 도전하는 언론인들을 대거 해직시켰고, 광주 민주화 운동을 무력으로 진압하고, 정의사회 구현이라는 기치 아래 삼청교육대를 운영하는 등 일련의 인권탄압은 군사정권으로서 극복해야 할 정치적 난제로 남았다.

으로 중소기업의 부도를 막아야 하는 문제를 파생시켰다. 여러 가지 난제에 부딪친 전 정권은 경제 활성화를 위한 각종 조치와 함께 일명 7·3조치라고 할 수 있는 '사채양성화와 관련한 실명거래제 실시와 종합소득세제 개편방안'을 발표하면서 금융실명거래제의 실시를 예고했다.

전두환 정권에서의 금융실명제 실시에 대한 논의는 거시적인 경제정책이나 경제적 필요성에 의해 시작된 것이라기보다는 갑작스런 이·장 사건이 발단이 되었다는 점이 특징이다. 다시 말해서 전 정권의 실명제는 장기적인 계획과 목표를 가진 정책이라기보다는 이·장 사건의 부마차원에서 시작되었고, 이·장 사건으로 인한 정권의 도덕성의 시비가 정치적 위기로 전환되는 것을 원치 않았다. 따라서 전두환 정권에서의 금융실명제는 정치적 목적을 달성하기 위한 정책이었기 때문에 대통령을 중심으로 측근 참모들에 의해 전격적으로 추진되었다.

이와 같은 폐쇄적인 정책과정은 정치적 불안정을 겪는 체제나 군부정권에서 기인하는 정당성의 미흡을 만회하려는 정권에서 흔히 볼수 있다. 이렇게 정부가 위기극복과 같은 목적으로 정책을 집행하는 경우에는 발단은 상황적 요인에 의해 영향을 받지만 논의가 시작되고 정책결정과정에서는 대통령을 중심으로 수석비서관과 핵심참모들의 이해관계 속에서 이루어지며 빠른 속도로 정책결정이 이루어지고 집행되는 특징을 가지고 있다. 전두환 정권의 금융실명제 추진도 이와 같은 성격을 띠었다고 할 수 있다.

이렇게 전 정권의 금융실명제 정책추진은 전격적으로 이루어졌고, 추진과정에서 많은 저항에 부딪치면서 난황을 겪었는데, 전 정권의

---

19) 이러한 일련의 조치는 부동산경기를 회복시키기 위한 '5·18 경제 활성화 조치'와 '투자촉진을 위한 경제 활성화 대책'을 발표하여 금리를 대폭 인하시켰다.

금융실명제 정책 체제는 어떤 특징이 있었는가? 권위주의 정치체제에서의 대통령의 역할은 법을 초월할 정도로 영향력이 크다. 군부세력에 의해 정권이 창출되는 권위주의적 통치스타일을 가진 대통령에게 있어서는 대통령의 지시는 곧 법이며, 구속력을 갖고 있다.

　조직도 일사분란한 지휘체제에 익숙한 군 출신의 참모들에 의해 운영되면서 이러한 성향을 더욱 강화시킨다. 정권의 각료들 또한 경제 분야 같은 전문지식이 필요한 분야를 제외하고는 비서실을 포함하여 정부 관료들은 대통령의 추종 세력들로 이루어진다. 다시 말해서 정권출범과정에서 중요한 역할과 기여를 한 군인 출신인사가 정치 분야를 중심으로 체제유지를 위한 통치세력으로 자리 잡는다.[20] 이러한 정권의 성격으로 인해 이들은 전 대통령의 정책의지에 큰 영향을 미치면서 정책결정과정에 참여했다.

2) 노태우 정부의 금융실명제

　노태우 정권은 전두환 정권에서 배태된 군사정권의 연속이기는 하지만 합법적인 국민의 직선제에 의해 선출되었기 때문에 전두환 정권보다는 어느 정도 정당성이 확보된 정권이라고 할 수 있다. 국민들도 정치적 정당성의 시비에서 벗어나서 국회의 여소야대의 정치적 상황과 민주화와 함께 확산된 대중의 요구, 노동자 파업의 확산으로 정부로 하여금 정치적인 문제보다는 분배와 형평과 같은 복지정책에 힘쓰도록 유도했다. 이러한 정부의 정책노선에 맞게 권위주의적이고 억압적인 전두환 정권과는 다른 정부라는 것을 국민에게 인식시키고자 하였다.

---

20) 이에 대한 자세한 내용은 안병만, 「한국 정부론」, (서울: 다산출판사, 1993)과 박천오, "한국에서의 정치적 피임명자와 고위직업관료의 정책 성향과 상호관계", 한국행정학보, 제27권 4호 1993년 겨울, p.1123.를 참조.

권위주의 체제에서 민주주의 체제로 전환되는 계기를 제공한 6·29선언은 군사정권의 종식과 함께 노태우 정권을 과거 군사정권에서 보여 주었던 억압적 통치수단으로는 국민을 통제할 수 없도록 만들었다. 노 대통령의 생각도 민주화의 시작은 돌이킬 수 없는 시대의 흐름으로 인식하였고 전반적인 경제여건의 호황은 경제정책의 무게가 경제성장보다는 복지정책에 주력하도록 유도하였다.

이러한 노 정권의 전반적인 정치·경제상황하에서 노태우 정권의 금융실명제 실시는 전임 정권에서 실명제를 실시하지 못했다는 점과 대통령의 친인척 비리와 이·장 금융사건은 음성적 정치자금 수수와 함께 정권의 도덕성 및 윤리성이 국민들의 비판의 대상이 되었기 때문에 노 대통령에겐 매력적인 정책이었다. 또한 대선에서 선거전략의 일환으로 각 당 후보들이 금융실명제 실시를 선거공약으로 내세웠고, 노 대통령 또한 금융실명제 실시는 대통령으로서의 반드시 지키겠다고 약속한 사항이었다. 노 대통령은 대선공약을 잘 이행하는 것이 바람직한 대통령이라고 인식하고 있었기 때문에 정권 초기부터 금융실명제 실시에 대한 많은 관심을 가지고 있었다.

한편 1980년대 중반 이후 물가안정의 지속과 수출증대에 따른 국제수지의 개선으로 증권과 부동산을 중심으로 하는 투기성행과 주식투자가 활발해졌고, 아파트와 토지 등 실물투기현상이 급증하면서 국민들의 공감대 형성과 함께 금융실명제 실시여건이 조성되었다. 이후 국세청과 금융기관은 꾸준히 업무전산화를 추진해왔고, '88년 12월말에는 금융기관의 전산화율이 97%에 이르게 되면서 6공 정부는 금융실명제를 토지공개념 입법과 함께 핵심적인 개혁정책의 하나로 준비해왔다.[21]

금융실명제 실시에 대한 여건조성과 논의가 계속되면서 선거공약

---

21) 신동아편집부, "금융실명제 '실명'시킨 지하경제의 실체", 「신동아」, 1990년 6월, p.330.

을 이행해야 한다는 노태우의 굳은 신념은 실명제를 현실화시키려는 정책의지로 자리 잡게 되었다. 그러나 노 대통령은 정치자금의 확보라는 문제에 봉착할 때는 정책의지가 흔들렸고 정치·사회여건에 따라 결심이 자주 변했다. 사실 전두환 정권에서 내무부장관이었던 노 대통령은 그 당시 정권유지와 재집권을 위한 정치자금의 확보 등 여러 가지 이유로 실명제 실시를 반대했던 사람이었다.

　노 대통령에게 있어서 실명제 실시는 단지 선거공약을 이행해야 한다는 차원에 불과했다. 이렇게 실명제 실시에 대한 확고하지 못한 노 대통령의 정책의지로 금융실명제 결정과정에서 실시 문제를 놓고 측근들의 주장이 엇갈리면서 결정이 자주 번복되었다.

　선거공약 이행차원에서 금융실명제 실시를 주장한 사공일 재무장관에게 추진에 신중성을 강조했지만, 이후 조순 부총리와 문희갑 경제수석의 조기시행주장에는 실시에 대한 강한 의지를 표현하였고, 개인적 친분이 있는 김종인 보사 부장관의 반대에는 또다시 결정을 번복하면서 그를 경제수석으로 임명하여 자신의 결정을 변호하는 비일관적인 태도를 보였다. 한마디로 노태우 정권의 금융실명 거래제는 전두환 정권의 연속이라는 부담을 해소하고 전두환 정권에서 실시하지 못했던 거래제를 실시함으로써 전임 정권과의 차별성을 부각시키기 위한 것이다. 또 선거공약의 이행과 과거 정권에서 보여준 정경유착의 병폐를 척결함으로써 신정권에 대한 국민의 호응을 받기 위해서 했던 것이지 금융실명제의 절실한 필요성의 인식에서 나온 것은 아니다.

　비일관적인 정책결정은 마침내 실명제 실시유보로 끝이 났고, 이에 대한 정부의 입장을 실명제를 꺼리는 돈이 제도금융권을 이탈, 사금융화하거나 해외로 도피하고 부동산투기에 유입됨으로써 지하경제가 오히려 비대해질 우려가 있다는 것이었다. 지하경제란 원래 세금을 징수할 수 없는 소득이다. 이 지하경제의 규모가 80년대에 들어와 크게 증가한 것은 사실이다. 이 지하경제는 탈세의 온상인데,

무신고소득에 의해 지하경제규모가 크게 증가한 것으로 나타났다.
무신고소득에 의한 지하경제규모와 그 증가현황은 (표 2-1), (표 2-2)
와 같다.

(표 2-1) 무신고소득 추정에 의한 지하경제 규모

(단위: 10억 원, %)

구 분	1983	1984	1985	1986	1987	1988
총소비지출	45,580	50,464	56,011	61,402	68,342	77,861
고정자산의 증가	12,916	14,136	14,911	16,737	19,769	23,498
금융자산의 증가	-4,110	4,821	4,511	6,590	22,653	26,054
계	54,386	69,421	75,433	84,729	110,764	127,413
소득신고액	52,363	60,314	67,936	77,482	86,555	103,880
무신고소득(A)	2,023	9,107	7,497	7,247	24,209	23,533
개인부문 주식 매매차익	-35	58	60	415	914	2,804
개인부문 주식매매차익을 제외한 무신고소득(B)	2,058	9,049	7,437	6,832	23,295	20,729
경상 GNP(C)	62,722	70,084	78,088	90,544	105,630	123,579
비율 A / C 비율 B / C	3.2% 3.3%	13.0% 12.9%	9.6% 9.5%	8.0% 7.6%	22.9% 22.1%	19.0% 16.8%

자료: 신동아편집부, 위의 글, p.336.
  주) '88년 소득신고액 중에는 추정치가 포함되어 있음
    무신고 소득＝총소비지출＋고정자본 및 금융자산의 증가－신고소득(수입금액)

(표 2-2) 지하경제 규모 증가현황

(단위: 10억 원)

구 분	1965년	1970년	1975년	1980년	1985년
지하경제 규모	52-61	289-334	1,534-1,715	5,753-6,178	11,540-12,524

자료: 신동아편집부, 위의 글, p.335에서 발췌.

그러나 금융실명제 실시의 유보는 지하경제의 주체와 실명제를 정
치자금 확보의 장애로 인식한 정치권의 반대라는 견해도 있다. 무엇
보다도 유보 결과는 노 대통령의 미약한 정책의지와 추진력이 결여

된 리더십에 기인하며 정책행위자들이 이를 더욱 부채질했다고 볼 수 있다. 지금까지 논의한 전 정권과 노 정권의 두 정권에서 이루어진 금융실명제에 대한 일지는 (표 2-3)과 같다.

(표 2-3) 전 정권과 노 정권의 금융실명제 추진일지

정 권	일 시	내 용
전두환 정권	1982. 7. 3	●금융실명제를 1983년부터 실시하겠다고 발표
	82. 8. 17	●민정당: 가명예금에 대한 자금출처조사 불문 등 보완대책 발표
	82. 12. 13	●민정당: 86년 이후로 실명제를 연기하는 내용의 수정안 국회 제출, 재무위 통과
노태우 정권	88. 7. 29	●정부: 금융실명제 '91년 전면실시 발표
	89. 4. 11	●금융실명거래 실시준비단 재무부내 설치
	90. 4. 4	●이승윤 부총리, 금융실명제 실시유보 발표

자료: 한국일보, 1992년 9월 23일.

3) 김영삼 정부의 금융실명제

금융실명 거래제는 비실명 금융거래로 인한 음성·불로소득, 탈세, 부동산투기, 뇌물수수, 불건전한 정치자금 전달, 재산은닉, 밀수 등 각종 비리를 방지하는 데 있다. 가명 또는 무기명 등 비실명에 의한 금융거래로 인해 지하경제가 조장하고 경제흐름을 왜곡시킴에 따라 모든 금융거래가 실명화 되도록 제도적 장치를 강화하여 지하경제를 양성화해야 한다. 또한 이를 성공적으로 정착시키기 위해서는 금융자산으로부터의 일탈을 방지할 수 있는 대책과 부동산투기 및 국내자금의 해외유출을 방지하는 대책이 필요하다.

이 제도는 원래 경제적인 목적하에 부족한 투자재원을 최대한 동원하여 산업 자금으로 전환하기 위해 가명·차명 등 비실명 금융거래의 잘못된 금융관행을 바로잡고 투명하고 건전한 금융질서의 확립을 위한 조치였다. 또 비실명거래로 이득을 누린 기득권층과 정경유착의 고리를 끊을 수 있는 것이었으나 정치인과 재계를 비롯한 기득권층의 반대로 이루어지지 못했다.

이들의 반대에도 문제가 있었지만 노태우 정권의 경우는 대통령의 정책의지 자체가 불분명했다는 것도 간과할 수 없는 사실이다. 그러나 김영삼 대통령은 깨끗한 정치를 구현하겠다는 선거공약과 함께 이를 개혁과 연계시켜 실명제를 전격적으로 단행하는 과정에서 두 전직 대통령의 비자금을 밝혀내는 계기가 되었다. 김영삼 정권도 금융실명제가 실시되기까지는 두 차례의 유보과정을 거쳤지만 부정과 비리의 칙결을 위해시는 실명 거래제의 실시가 불가피하다는 것을 국민들에게 인식시키면서 김영삼 대통령의 의지를 관철했다.

김영삼 대통령은 군부정권을 종식시키고 정치적 정당성과 정통성에 있어서 국민들로부터 인정받은 정부임에는 틀림이 없다. 그의 정치과정은 국민여론을 바탕으로 한 여론정치가이다. 김 대통령은 군사정권의 종식은 물론이고 군사문화의 청산과 진정한 민주주의를 염원하는 국민의 지지를 기반으로 개혁을 자신의 정치목표로 설정하고 있었다. 이전의 정권은 부패와 부정의 온상으로 단정 짓고 깨끗한 정치, 깨끗한 대통령으로서의 이미지 구축으로 역사에 오래 기억되는 대통령이 되는 것이 그의 바람이었다. 따라서 그는 대통령 취임 직후 군의 사조직과 인사비리를 척결하였고, 공직자의 재산공개와 공직자 윤리법을 개정하는 등 개혁의 바람이 대통령의 의지와 국민여론이 일치된 가운데 무차별로 진행되었다.

깨끗한 정치는 음성적인 정치자금의 흐름과 정경유착의 고리를 끊지 않으면 불가능한 것이다. 따라서 김정권의 금융실명제는 경제민주화차원에서 시작되었다고 보는 것보다는 정치적인 의도하에 이루어졌다고 보는 것이 더 좋을 것이다. 물론 음성적인 지하금융을 투명하게 하여 지하자금을 양성화시켜 건전한 산업자본화 하는 것도 중요하지만 김 대통령이 의도하는 강한 색깔은 개혁차원에서 정치적인 목적이 더 강하게 작용하였다. 또한 자신의 신념을 관철하려는 그의 독특한 리더십의 결과이기도 하다. 그는 금융실명제 결정과정에서 두 전임 정권에서와 같이 적극적인 반대세력은 없었다고 보아야 할 것이다. 오히려 경실련의 여론 활동과 개혁을 지지하는 사회적 여건으로 실명제 실시를 위한 분위기가 성숙되었기 때문에 기득권 세력과 경제여건을 감안한 전문적인 지식을 갖춘 참모들의 반대의사가 있었을 뿐이다.

또한 김 대통령은 실명제 실시에 대한 확고한 정책의지로 반대의사를 가진 사람은 정책과정에서 배제시켰다. 금융실명제 실시에 회의를 가졌다는 이유로 실명제 실시에 관련하여 대통령을 보필하는 가장 핵심위치에 있는 박재윤 경제수석비서관을 김 대통령은 정책과정에서 철저히 배제시켰고, 자신의 정책의지를 강화시킨다고 인식된 장관이나 추종자에게 긴밀하게 지시하여 검토토록 하고 이를 자신이 결정하고 전격적으로 발표하는 방식을 택했다. 이러한 김영삼 특유의 정책관리 유형은 그의 성격을 바탕으로 한 리더십에 기인되며 두 전임 정권의 실명제 추진과정에서 볼 수 없었던 독특한 특징이기도 하다.

제4절 분석틀

1. 분석틀의 설명

정책결정의 영향요인을 적실성 있게 분석하기 위해서는 정책결정과정에서 행위하는 행위자들을 배제하고 정책결정과정에서 대통령만을 중심으로 한 정태적 시각에서 벗어나, 정책 환경과 대통령과 다른 정책행위자의 상호 작용을 모두 고려하는 접근방법이 필요하다. 특히, 금융실명제와 같은 정치적 정책결정의 경우 대통령이 정책결정과정에서 우월적인 위치에 있는 행위자라는 인식과 함께, 다른 정책결정 행위자간의 상호 작용과 정치상황과 정권의 성격, 정권의 이해관계 등이 정책결정 과정에 상당한 영향을 미친다. 정부가 모든 정책을 결정하고 집행하는 데 있어서 독단적이고 임의적으로 아무런 제약이나 영향을 받지 않고 이루어지는 경우는 거의 불가능하다고 할 수 있다.

본 논문은 금융 실명제라는 정치적 정책결정에 영향을 미치는 요인을 독립변수와 매개변수 두 가지 측면으로 나누어 살펴보고자 한다.[22] 첫째는 독립변수로서 정부를 둘러싸고 있는 정책결정과정에 영향을 미칠 수 있는 정책 환경을 들 수 있으며, 매개변수로서는 정책결정과정 내에서 대통령을 중심으로 한 정책행위자들의 상호 작용을 설정하였다. 본 연구는 금융실명제라는 정치적 정책결정에 영향을 미친 정책 환경으로 ① 정치상황, ② 정권의 성격, ③ 정권의 이해관계 세 가지를, 매개변수인 정책행위자의 상호 작용에 참여하는 행위자로는 ① 대통령, ② 수석비서관과 관련 장관, ③ 집권여당을 설정하였다.

변수설정의 이유는 금융실명제라는 정치적 정책결정은 정책 환경, 즉 정치상황, 정권의 성격, 정권의 이해관계의 세 가지 정책결정변수들과 정책결정과정 내의 대통령을 비롯한 정책행위자들의 상호 작용에 의해서 결정되기 때문이다. 이 논문에서 다루고 있는 금융실명제 정책은 세 정권에서 순수한 경제적인 차원에서 논의되어 추진되지

---

22) 정정길, "역대 대통령의 경제정책(2): 전두환," 「신동아」, '92년 10월호, p.229.

않았고 정치적인 목적에 의해 크게 좌우되었다고 보고 있다.

금융실명제 정책실시를 둘러싸고 정책결정과정에 투입되는 정책 환경은 그 영향력이 정도에 따라 정권마다 다소 차이를 보이고 있지만 실명제 실시의 영향 요인으로 작용하고 있다. 따라서 본 연구는 금융실명제 실시여부에 대한 영향 요인으로 정책 환경을 독립변수로 처리하여 정책 환경이 정책행위자들의 상호 작용에 어떠한 영향을 미쳤는가를 살펴보고자 한다.

또한 금융실명제 정책결정을 주도하는 행위자로서 정책결정권한을 가진 대통령과 가장 가까운 거리에서 정책추진에 핵심적으로 영향력을 행사한 수석비서관과 장관을 설정하였다. 그리고 대통령과의 개인적인 관계로 인한 영향력 행사를 하는 일부 당직자와 그들이 속해 있는 여당을 정책결정의 상호 작용 행위자로서 설정하였는데 집권여당은 전반적인 찬반의사표현 수준에서 정부정책에 직·간접적인 영향력을 행사하는 가운데 정책결정이 이루어지기 때문이다.

본 연구는 대통령, 수석비서관과 장관, 여당을 금융실명제 정책결정과정의 정책행위자로서 설정하였으며, 정책행위자들의 각각의 영향력을 분석함으로써 정책행위자들의 상호 작용이 정치적 정책결정에 있어서 어떠한 영향을 미쳤는가를 살펴보고자 한다.

정책 환경은 정부가 정책을 추진하는 데 있어서 걸림돌이 될 수도 있지만 정부정책의 정당성을 확보할 수 있는 요인이 되기도 한다. 그것은 정권이 안고 있는 정당성의 문제나 정부가 갖고 있는 위기해결능력에 따라 국민들의 호응과 반응에 기인한다. 또한 정치 환경변화는 정부가 정책을 추진하는 데 많은 영향을 줄 수 있는 정책 환경으로서 정부의 정책을 가속화시키거나 또는 제약요소가 될 수 있다.

금융실명제 정책결정과정에서 정책결정행위자는 정책결정과정에 깊숙이 개입하여 주체자로서 기능하고 있다. 따라서 본 연구는 이들의 상호 작용을 정책결정의 매개변수로서 인식하고 있다. 정책행위자의 상호 작용을 정책결정의 매개변수로 설정한 이유는 전두환, 노태우, 김영삼 세 정권의 금융실명제 정책결정과정의 분석과 설명이 가능하며, 정치적 정책결정과정을 동태적 접근에 의해서 살펴보고자 하는 본 논문의 문제의식에도 부합되기 때문이다. 다시 말해서 정책행위자들의 상호 작용을 정책결정의 매개변수화함으로써 금융실명제의 정책결정과정에서 대통령의 리더십을 비롯한 정책행위자들의 영향력과 각 정권에서의 차이점과 특징을 도출해 낼 수 있는 기준이 된다.

이러한 분석은 정책의 최종 결정자인 대통령 중심의 시각에서 벗어나 정책결정과정을 동태적으로 분석함으로써 성책결정과정 내에서의 영향요인을 분석적이고 객관성 있게 볼 수 있다. 그러나 대통령이라는 위치가 최고정책결정자임을 부인하기는 힘들다. 따라서 본 연구는 정책행위자들의 상호 작용에 의한 정책결정과정에 있어서 대통령의 역할과 영향력을 대통령의 리더십으로 설명하고자 한다. 정책행위자의 상호 작용에 있어서 최고 정책결정자인 대통령의 리더십과 다른 행위자 간의 관계를 통하여 정책결정과정을 분석함으로써 정치적 정책결정의 예측성을 높일 수 있는 정책적 함의를 도출하고자 한다.

금융실명제 정책결정과정에서 대통령과 상호 작용하는 행위자로서 대통령비서실의 수석비서관과 장관을 중심으로 논의하고자 하며, 정부의 정책방향에 찬반의사를 표출하고 대통령과 개인적인 친분과 당직자의 위치에서 정책결정에 참여하는 여당을 함께 논의하고자 한다. 그 이유는 국가의 주요 정책결정과정에서 청와대를 중심으로 결정되어 온 권위주의적인 한국의 정치상황을 고려해 볼 때 주로 수석비서관이 대통령의 정책자문을 가장 근거리에서 또 전문성을 바탕으로 영향력을 행사할 수 있기 때문이다. 그러므로 수석비서관과 대통령과의 상호관계는 정책결정을 설명하기에 분명하고 또 용이하다.

즉 이들은 정책의 방향에 영향력을 행사할 수 있는 정책결정 상호작용의 핵심세력이다. 대통령의 업무지식이 부족한 분야에는 이들의 활동이 강화되고 영향력이 막강한 것은 당연한 일이다.

장관의 경우 각 행정부처의 책임자이지 수석비서관의 영향력만큼 정책결정에 참여하여 대통령의 정책방향이나 결심을 바꾸는 데에는 수석비서관보다는 한계가 있다. 장관은 내각의 개편을 통해 국가의 위기나 상황을 반전하고 무마시키는 데 동원되기도 한다. 장관의 임명은 몇 개의 전문 분야를 제외하고는 정책적인 효율성 제고의 측면보다는 정치적 차원의 상징적인 면으로 임명되는 경우가 많다. 또한 수석비서관에 비해 대통령과 접하는 기회도 적고 주요 현안에 대해 대통령이 의논이나 자문을 구하는 경우에 수석비서관을 활용한다.

실제로 중요하고 급한 사안을 대통령과 수석비서관이 미리 결정하는 경우를 흔히 볼 수 있다. 따라서 금융실명제와 같은 정치적 정책결정과정에서 보편적으로 장관의 비중은 수석비서관에 비해 크지 못하며 장관에 의해 정책결정이 바뀌는 경우는 장관과 대통령 간의 각별한 개인적 관계에 의해서만 나타난다고 할 수 있다. 그렇지 못한 경우 일반적으로는 대통령의 정책의지나 통치에 순응적이거나 방임하는 위치에 서게 된다. 대통령비서실의 비서실장이나 그 밖에 구성원들은 분석대상인 금융실명제에 영향을 주지 않았기 때문에 배제했다.

여당도 당정협의회 등을 통해 정책결정과정에서 영향력을 행사하고 있지만 정부의 모든 정책에 대해서 관여하려고 하지는 않는다. 그 이유는 당은 정권유지와 정권의 재창출에 목적을 두고 있기 때문에 이와 관련된 사안(당내의 개인의 이해관계도 작용할 수 있으나)에 대해서만 자신의 목소리를 내는 것이 일반적이다. 정당의 목적은 정권창출이라고 할 수 있으므로 유권자를 의식하지 않을 수 없으며, 정치적 이해관계와 밀접한 정책에 대해서는 정부에 대해 직접·간접적으로 찬성이나 지지의 의사를 표명한다. 따라서 여당은 정치적 이

해관계가 민감하고 첨예한 갈등적 관계에 있는 금융실명제라는 정책
에 영향력을 행사하려고 할 것이라는 가정하에 정책행위자에 포함하
였으며, 여당의 이해관계가 금융실명제 실시여부에 어떠한 영향을
미쳤는가를 살펴보고자 한다.

본 연구는 정책 환경과 정책행위자들의 상호 작용이 정책결정에
어떠한 영향을 미쳤는가를 살펴보기 위해 금융실명제 실시여부를 분
석대상으로 하였으며, 금융실명제 실시논의와 실제 실시에 관련된
전두환, 노태우, 김영삼 정부를 비교 분석하고자 한다.

2. 분석틀의 구조

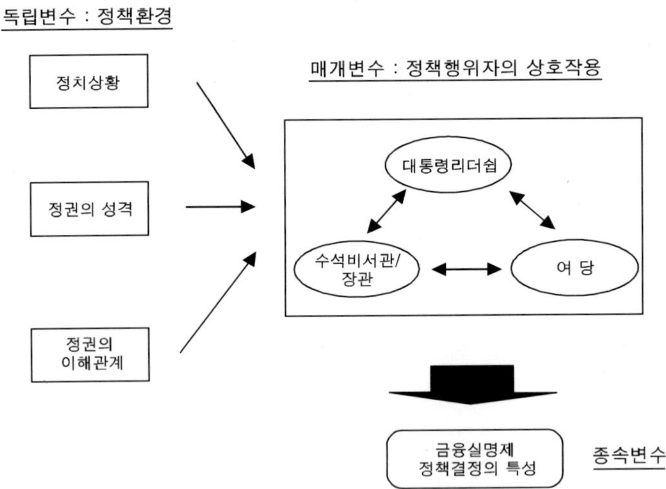

(그림 2-1) 금융실명제 정책결정구조

제 3 장

전두환 정부의 금융실명제 정책결정

제1절 금융실명제 정책 환경

1. 정치상황

전두환 대통령은 군에서 바로 대통령이 되었기 때문에 정치적 경험과 연륜이 부족하였다. 그의 추종세력이며 정책에 있어서의 핵심 참모 또한 군 출신으로 이루어졌기 때문에 이들을 중심으로 한 정보 수집과 제공이 직접적으로 이루어지고 범위가 제한적일 수밖에 없었다. 최 측근에는 허화평, 허삼수와 같은 보안사 출신인 12·12 주역으로 구성됨으로써 정국운영은 권위적이고 폐쇄적이며 억압적인 급진적 양태를 보일 수밖에 없었다.

그들의 인식에는 국민의 자유와 권리는 헌법에만 존재하는 것이고 국가의 보위라는 가치에 항상 제한되어질 수 있다는 것이다. 정치적 걸림돌인 기성정치인을 제거하기 위해 김대중, 김영삼, 김종필을 정치적 활동무대에서 제한하고 저항세력이 될 수 있는 정부 인사들을 부패척결이라는 기치아래 부정축재자와 권력남용자로 몰아 재산몰수 등 정치적 통제를 가했다.

정권유지에 반대세력으로 인식되는 언론에 대한 통제도 뚜렷하게 나타났는데, 언론사 통·폐합, 언론사 기자의 선별 해직, 각종 출판물 통제 등 개혁의 명목으로 헌법에 규정된 국민의 기본권을 무참히 짓밟았다. 군사정권은 권위주의적 정치체제를 탄생시키기 쉬운 체제이기 때문에 정당성의 위기를 극복할 수 있는 완충장치나 국민들의 요구를 수용하는 채널이 미흡하다. 따라서 노동자, 농민, 학생, 언론을 강하게 통제하면서 박 정권에 이어 경제발전과 물가안정을 지속적으로 추진하면서 국내의 정치적 안정화를 권위주의적 정치체제를 바탕으로 추구하였다.

이러한 권위적이고 억압적인 정치제의 전두환 정부는 강력한 경제정책을 추진하면서 물가안정이라는 결실을 맺었지만 금융스캔들인 이철희·장영자 사건으로 정치적 부패나 정경유착과 같은 정권의 도덕성에 회의를 갖는 여론이 심화되어 정치적 위기는 더욱 가중되었다. 원래 체제적 정당성이 미흡한 정권인데다가 도덕성의 문제는 정권유지에 상당한 치명타를 가하게 되어 새로운 조치가 요구되었다. 이러한 정치상황으로 파생된 위기에 대한 정부의 대응은 정부내각의 개각과 6·28금리인하조치로 이어졌고, 금융실명제는 정치적 위기와 연결된 이철희·장영자 사건의 재발방지를 위해 취해졌다.

전두환 권위주의 정권은 체제에 대한 저항세력이 잠재해 있는 정치상황과 이·장 사건과 대통령의 친·인척 비리로 인한 훼손당한 정권의 비도덕성의 심화를 해소를 위한 정책대안이 필요했다. 금융실명제 실시는 이러한 일련의 정치위기에 대처한 정책으로서 정치적 목적을 달성하기 위한 것이었지만 실명제 정책결정과정에서 보수적 성향의 전 대통령과 보수 세력들이 정책실시를 놓고 상호 작용하였다. 또한 전두환 정권의 금융실명제는 실명제 실시를 위한 사회적 분위기나 등 정부 내에 금융실명제를 운영할 수 있는 기구나 제도적인 후속조치가 전혀 준비되지 않은 상태에서 갑자기 발생한 돌발적 사태에 대응한 것으로 보아야 할 것이다.

2. 정권의 성격

전두환 대통령은 박정희 시해사건으로 발생한 국가권력의 공백기를 이용하여 10·26사건의 수습으로 정권의 전면에 나타나게 되었다. 혼란한 정국과 권력의 공백기에 위치한 전두환 대통령은 정권찬탈을 목적으로 한 추종자들과 함께 군사정권을 창출했다. 정권을 잡기까지 전두환 대통령의 동기생인 육사 11기들의 인식은 군에 대한 불만이 많았고 군부를 바로 잡아야 한다는 움직임이 시작되는 시기였다. 이러한 군부세력에 전두환 대통령은 앞장서게 되었고, 군부가 공통적으로 갖고 있는 일반 국민들과 정당정치에 대한 불신감이 강하게 작용하였으며, 군부가 정권을 장악하더라도 장기집권이나 권력형 부정부패를 하지 않고 통치를 잘하면 정권으로서의 정당성이 확보된다고 믿었다.[1]

보안사령관이자 합동수사본부장이라는 막강한 힘을 소유한 전두환 보안사령관은 최규하 대통령의 권한부재로 그를 견제할 수 있는 정치세력이 없었고, 또한 정치권의 활동을 철저히 통제하여 도전세력을 처음부터 차단시켜 권력의 최고 핵심을 차지하였다. 이러한 무질서한 정치상황에서 전 대통령은 형식적인 선거절차에 따라 대통령에 취임했지만 취임전의 정권찬탈과정에서 우리 모두가 알고 있듯이, 특히 광주민주화운동의 탄압과 같은 일련의 사건으로 재임 중에 계속되는 정치적 정당성의 위기를 해결하기에는 역부족이었다.

전 대통령과 그의 주변에서 생명을 같이 한 군 출신의 핵심참모들

---

1) 한승조, 「한국정치의 지도자들」, (서울: 대정진, 1992), pp.107-108.

은 정권찬탈과정에서 보여준 무력의 효과성을 집권 중에 마음껏 과시하였다. 언론탄압 및 통합, 반민주투쟁인사 탄압, 삼청교육대를 통한 민생범위의 제한 등 다양한 억압기제를 통해 정권유지에 필요한 정치적 힘을 강화시켰다.

전두환 정권의 성격은 권위주의적인 통제를 바탕으로 한 정권으로서 정권성립부터 체제적 정당성이 크게 미흡한 정권의 성격을 띠고 있다. 따라서 억압과 배제적인 통치로 외형적인 정치적 안정을 기할 수 있었지만 체제적 정당성의 시비가 주는 정치적 불안정은 정권으로서 극복해야 할 당면과제였다. 군사정권으로 형성된 정치의 핵심세력으로서 체제안정을 주도하는 선봉장의 역할을 담당한 허삼수, 허화평 등은 군사정권의 창출과정에서 전 대통령과 정치생명을 같이 한 인물들이다. 이들은 전두환 대통령을 중심으로 체제안정을 권위주의적 통제로 도모했는데, 보안사 등과 같은 억압적 통제기구와 국가보안법 등을 통한 제도적 장치로 체제도전세력을 통제했다.

이들의 역할과 특성은 전 대통령과 함께 체제유지와 정치운영의 주체로서 권위주의 군사정권의 성격과 인과관계를 말해주고 있다. 전두환 정권은 명백한 권위주의 정권이라는 점에 대해서는 아무도 부인하지 못한다. 전두환 권위주의 군사정권이 창출되는 과정에서 두 허 수석을 비롯한 정치권의 핵심세력은 전두환 정권의 성격을 말해주고 있으며, 정책결정에도 영향을 주고 있다. 즉 권위주의 군사정권의 성격에 의해 구성된 정책행위자들의 특성은 전 대통령의 정치생명을 지탱해 주는 지지세력으로써 서로의 관계를 형성하고 있기 때문에 대통령과 정책행위자 간의 정책의사전달과정에서 대통령에게 직접적으로 영향이 미칠 수 있는 위치에 있으며, 대통령도 이들의 의견을 쉽게 배제할 수 없는 입장에 있다.

다시 말해서 전 정권의 성격이 정책결정에서 영향요인으로 작용한 것은 군사 정권은 창출되는 과정에서 군인 출신의 역할비중이 컸었고, 정권수립 후에는 창출과정에 기여한 신군부세력들이 그대로 정부의 주요 요직을 차지하여 대통령을 보좌하고 영향력을 그대로 행사하게 된다는 점이다. 또한 정권창출과정에서 대통령과 추종들과의 관계는 생명을 같이 하는 동지 이상의 관계를 형성하여 왔기 때문에 정권수립 후에도 대통령은 이들의 역할과 영향력을 배제하거나 무시할 수가 없게 된다.

허삼수, 허화평, 이학봉과 같은 추종자들은 정권수립 후 대통령비서실의 수석비서관의 최고 요직에서 대통령을 보좌하면서 많은 영향력을 행사하였다. 특히 일반적인 정책보다는 정치권과 관련된 기득권세력의 보호와 정권유지와 같은 정치에 관련된 중요한 문제를 풀어나가는 데 주요한 역할을 담당하면서 이들의 영향력은 매우 컸다고 할 수 있다. 이 정치 보수 세력들은 군사정권의 성격 자체에서 파생된 체제도전세력과의 갈등이 있기 때문에 재집권을 통해 정치기득권 세력으로서의 유지를 해야 하는 정권의 성격을 갖고 있다.

전두환 대통령도 정권창출과정에서 파생된 체제적 정당성의 미흡 때문에 억압적인 수단으로 체제안정을 이루어 나갈 수밖에 없었고, 군사정권의 성격으로 특징지어진 정치주체세력들과 정치문제에 대한 이해를 같이 하고 있다. 따라서 정책결정 메커니즘 또한 폐쇄적인 특징을 띠고 있었으며, 전 정권의 금융실명제 정책결정에서 전두환 대통령의 강력한 정책의지에 정면으로 반대할 수 있는 관계로 상호작용이 이루어졌고 영향력이 컸었다.

3. 정권의 이해관계

전두환 정권의 이해관계는 정치보수 세력들이 정치체제의 안정과 재집권을 위한 수단을 정치자금에 두고 금융실명제 실시를 놓고 경제개혁을 추구하는 세력과 마찰을 빚는 환경변수로 작용하고 있다. 경제성장과 안정은 정당성이 미흡한 정권에서 최우선 과제이며 분배와 형평성 요구에 대해서는 억압적 배제정책으로 사회도전세력들을 통제해 왔으며, 노동통제와 정경유착은 뿌리 깊은 정권의 이해관계이다.

전두환 대통령도 경제성장에 주력하면서 물가안정을 최우선으로 하고 복지에 대한 국민의 요구를 철저히 봉쇄하였다. 정치적으로는 노동운동, 농민 및 학생운동을 철저히 통제하고 권위주의적 정치체제를 구축했다. 전두환 내통령이 물가안정을 중요시한 것은 개인적인 의지와 함께 박정희와는 달리 새로운 정책기조로서 정권의 능력 제고라고 보는 주장도 있다.[2] 경제문제 중에서도 가장 해결하기 힘든 물가를 안정시켰다는 것은 그의 공과로 인정하지 않을 수 없다. 이것은 정권수립 초기에 경제적인 지식이 부족한 전두환 대통령은 김재익 수석비서관에게 의지하면서 5공의 경제정책을 직접 관리한 그의 능력 때문이다. 임금인상, 공무원 봉급인상, 쌀 수매가 인상 등을 억제하면서까지 정통성의 시비로 인한 도전세력을 배제하면서 전두환 대통령은 굳은 의지로 일관성 있게 자신의 역할을 담당했다.

그러나 전두환 정권의 성격이 가져 온 체제적 정당성의 미흡과 도덕성의 시비로 나타나는 체제불안정 요인은 전 대통령과 그의 보수적 정치세력인 두 허 수석과 당시 노태우 내무장관 등은 정권유지와 재집권의 노력에 집중시켰고 정치자금 확보가 정치적 이해관계로 작용하여 실명제 실시를 반대했다. 한마디로 전 정권에서의 이해관계는 전 정권이 본래부터 가지고 있는 체제적 정당성의 보완을 정치자금을 통하여 이루려 했던 것이다.

---

2) 정정길, 앞의 글, 1992, p.230.

전 대통령은 개혁적 경제관료들과 금융실명제를 통해 정치적 도덕
성의 훼손을 극복하려 했지만 금융실명제 실시로 인한 정치재원 확
보가 용이하지 않음을 인식한 정치 보수 세력들의 이해관계는 개혁
적 경제 관료인 김재익 수석과 정면으로 정책갈등을 일으켰다. 전 대
통령은 7·3조치가 발표될 때까지는 김 수석과 이해를 같이 하여 개
혁차원에서 국민들에게 가시적으로 정부의 정당성을 확보할 수 있는
확신으로 강한 정책의지를 보였지만 두 허 수석과 노태우, 그리고 당
지도부의 정치적 이해를 바탕으로 집요한 철회요청을 받아들였다.

제2절 정책행위자의 특성

1. 전두환 대통령

정책 체제의 정책행위자 중 대통령은 가장 큰 영향력을 행사하는
행위자이다. 행위자로서의 대통령의 역할은 리더십으로 접근해야 한
다. 리더십에 따라 정책결정의 방향이 많이 영향을 받기 때문이다.
즉 강한 결단력과 추진력은 정책의지로서 작용하여 정책을 결정, 집
행하는 데 우유부단하거나 표류할 가능성이 적다. 이러한 리더십을
접근하기 위해서는 대통령의 특성을 통하여 가능하다.

이러한 논리에서 전두환 대통령의 특성으로 먼저 그의 성격은 어
린 시절의 척박한 생활과의 투쟁에서 이겨야 한다는 삶의 의지가 본
능적으로 그의 성격을 지배했을 것이다.[3] 가난한 가정형편과 약자로

---

3) 부모를 따라 만주로 건너간 전두환은 마적단의 습격으로부터의 불안한 생

서의 서민들의 생활을 겪은 전 대통령은 정상적인 대학보다는 권력과 힘의 중요성을 인식하면서 장군의 꿈을 갖게 했고, 한국전쟁은 전두환 대통령을 육군사관학교의 지원과 더불어 직업군인의 길을 걷게 했다.

군 생활에서 그가 보여준 행태는 상하 간 의리를 중시하고 전형적인 군인으로서의 모습이었다. 의리를 중요시하기 때문에 의리를 지키는 부하에 대한 그의 배려는 남달리 강했고 그의 주위에 사람을 모으는 능력은 타고 났다고 한다. 이러한 이유로 군 생활을 통하여 보스기질의 모습이 많이 나타났고 문제해결의 중심자로서의 역할은 그를 강하고 적극적인 성격을 갖게 하였다. 원래 타고난 보스기질과 군 생활을 통해 학습된 그의 성격은 결단력과 추진력을 소유하고 있는 반면에 급하게 결단을 내리고 호전성을 가지고 있다. 금융실명제 실시결정도 정권의 도덕성 회복에 대한 위기의식을 느끼면서 급한 그의 성격이 작용했다.

이러한 전두환 대통령의 저돌적이고 호전적인 성격은 박정희의 군사혁명에 대한 전폭적인 지지의사를 표현하고 일개 대위의 계급인 전 대통령이 혁명군의 지도자인 박정희 의장을 방문했다는 일화에서 볼 수 있듯이, 자신이 정의라고 생각한 것에 대해서 잘 흥분하고 행동이 즉흥적이라는 것을 알 수가 있다. 명령과 지시, 복종과 충성을 제일의 미덕으로 알고 있는 군사문화에서 성장한 전 대통령은 어떤 다른 군인보다 더 강한 특징을 나타냈다.

교육적인 배경과 그의 고유한 특색은 의리와 충성심으로 모든 것을 평가하였고, 그를 중심으로 움직이는 부하 역시 비슷한 부류의 사람들만이 모여들었다. 충성과 신의를 아끼지 않은 부하에게서는

활과 나라 잃은 설움을 어린 가슴에 품고 살았다. 또한 어려서부터 강직하고 불의에 참지 못하는 강한 성격을 소유한 부모의 영향을 많이 받았다.(천금성, 「황강에서 북악까지」, (서울: 동아출판사, 1981)

전 대통령이 할 수 있는 모든 능력범위 안에서 보상을 해주었다. 특히 그의 정치적 권력을 상승시켜 준 보안사의 분위기는 일반군의 성격과는 더욱 다른 특징을 갖고 있는데, 직접적인 상하 간 관계는 12·12사태의 주역과 주동자들 간의 관계에서도 볼 수 있듯이 허삼수, 허화평의 충성심은 사태의 옳고 그름을 떠나서 상관에 대한 맹목적인 충성심으로 앞장섰다는 것은 누구나 인정하고 있는 사실이다.

부하들의 충성심은 공격적이고 저돌적인 전 대통령의 리더십을 더욱 강화시켰고, 자신의 행동이 대통령으로서 용기와 능력 있는 지도자로 인식하게 만들었다. 또한 이러한 인맥형성은 상하 간의의리가 강조되면서 전두환 대통령은 옳은 조언은 잘 받아들이는 성격을 지니고 있었다. 결단력 있는 전 대통령의 리더십을 잘 알고 있는 정치생명을 같이 해 온 두 허 수석과 여당 정치인이 실명제 반대의견을 잘 수용시키는 과정이 금융실명제에 잘 나타났다.

그는 리더로서의 역할을 언제나 좋아했고 밑의 사람이 자신에게 결정하기를 원하는 사안에 대해서는 자기가 결단을 내려야 한다고 믿고 있다.[4] 구체적인 내용을 자신이 잘 몰랐을 때도 참모들이 전두환 대통령에게 납득할 만한 이유를 들어 설명하고 "각하 이렇게 해야 하니 결단을 내리십시오"라고 건의하면 이를 즉각 결재하고 "소신껏 해보시오", "열심히 해보시오"라고 종용하는 스타일이었다.[5] 이러한 전 대통령의 스타일은 내린 결정도 잘못되었다고 판단되면 즉시 결정을 번복하였고[6] 더 이상 거론하지 않는 특성을 가지고 있다.

금융실명제 정책추진에 있어서도 전격적으로 발표한 7·3조치를 두 허 수석과 노태우 내무장관 등 여당 정치보수세력의 집요한 설득

---

4) 정정길, 앞의 글, 1992, p.237.
5) 정정길, 「대통령의 경제리더십: 박정희·전두환·노태우 정부의 경제정책관리」, (서울: 한국경제신문사, 1994), pp.237-238.
6) 위의 책, pp.160-161.

을 정당한 것으로 받아들이고 더 이상 실명제 정책을 거론하지 않도록 하는 우유부단하지 않은 리더십을 보였다.

그의 정치관과 정치스타일은 충성에 대한 보상이 철저한 군 생활과 그의 추종세력들과의 상호 작용으로 이뤄져 물리적인 힘을 중시하였고 타고난 보스기질로 목표 지향적이었다. 따라서 조직의 분위기가 경직되고 권력의 중심인 대통령에게 모든 권한이 집중되면서 경제 분야와 같은 전문적인 분야를 합리적으로 관리할 수 있는 여건이 미흡하게 된다.

전두환 정권은 사회정의 실현이라는 슬로건에 불과한 정책이념을 경제개혁의 성격이 강한 금융실명제를 통해 달성하려고 했다. 그러나 권위주의 성향을 가진 전 대통령의 정치관과 정치스타일의 리더십은 실명제를 실시할 수 있는 정보를 오히려 차단시켰고, 저돌적인 성격이 표현된 국정운영의 정치스타일은 금융실명제에서도 정책오차의 범위가 클 수밖에 없었다. 또한 전 정권의 사회정화를 강조한 정책이념은 개혁의 차원이 아니라 새로운 정권이 국민들에 대한 선정성의 구호에 불과한 것이므로 전 정권의 보수적 정치세력과 함께 전 대통령도 개혁적인 성향보다는 정권유지를 지향한 보수적 리더십을 가지고 있었다.

2. 수석비서관과 장관

전두환 정권은 군부와 관료집단의 공존으로부터 형성된 관계이므로 권위적 집권체제의 형식을 선택하였으며, 정권의 정통성의 빈약한 부분을 경제성장으로 대치하려는 시도가 대통령비서실을 중심으로 전개되었다.[7] 정치 분야는 정권출범에 기여한 인물을 중심으로 기용했음은 당연하다.

군사정권의 특성 자체가 정치적인 측면에서 정권창출의 기반이 군부세력으로 이루어졌기 때문에 내무부, 국방부장관, 안기부장과 같은 요직에 임명되는 인물과 측근은 전부 군부출신을 중심으로 구성됨으로써 정권 창출 시 공헌한 추종자들에 대한 보상과 자신의 심리적 안정을 취할 수 있다는 것이 정당성이 미흡하고 권위적인 정권에서 나타나는 양상들이다. 그러나 경제 분야는 매우 중요한 것으로 스스로 인식하고 있었고, 또 이에 맞는 군 출신의 인사가 없다는 이유와 기용에 있어서 외양적인 형평성 차원에서도 경제전문가를 기용하여 정책의 효율성을 증가시키려고 노력했다.

장관은 정치적인 면보다는 행정적인 측면이 더 강조되고 정권의 이미지창출의 목적이 더 있다. 반면에 대통령비서실은 정치적인 측면이 더 강조되고 대통령의 의중을 가장 잘 아는 사람들로 구성되면서 이들과 호흡을 같이 한다. 비서실의 수석비서관은 정책적인 차원은 물론 전반적인 대통령의 개인문제에 대해서까지도 수발을 드는 역할을 한다는 점에서는 이견이 없다. 정권의 유지와 능력을 쉽게 나타낼 수 있는 분야는 역시 경제발전과 안정이다. 이러한 맥락에서 볼 때 전반적으로 전두환 정권의 경제정책은 대통령비서실의 경제수석비서관에 의존되면서 수석비서관은 강력한 힘을 발휘할 수 있었다.

물론 최종 결정권은 전 대통령이 가지고 있었지만 실질적으로는 경제수석비서관이 경제에 관한 결정권을 장악하고 리더역할을 함으로써 상대적으로 부총리는 수석에게 협조하는 체제가 형성되었다. 이러한 체제는 행정부 각 부처가 정상적인 정책입안을 할 수 있는 여건이 어려워지면서 전 대통령의 신임이 없는 장관은 부처의 장으로서 집행수준에 머물렀다.

---

7) 이성복, "역대정권의 행정체제", 「한국현대정치사」, (서울: 법문사, 1996), p.388.

국무회의가 정책결정과정에서 어떤 위치에 있는가를 보는 것도 정책결정과정을 이해하는 데 도움이 된다. 전두환 정권에서 국무회의의 의결이 형식적인 면이 많이 나타났다. 국무회의 이전에 대통령과 비서실의 실질적인 결정이 있었기 때문이다. 국무회의가 실질적인 결정기능을 수행하면 대통령과 비서실의 영향력은 감소되면서 장관들의 영향력은 그만큼 강화된다. 그러나 전두환 정권에서는 국무회의의 의결이 형식화되면서 장관들의 영향력이 축소되었다.

금융실명제 추진과정에서는 김재익 경제수석이 주요 핵심으로 역할을 하면서 강경식 재무장관과 함께 금융실명 거래제를 내용으로 하는 '7·3조치'를 제시하였다. 정권의 도덕성을 떨어뜨린 이철희·장영자 사건을 수습하기 위해 취해졌던 7·3조치는 정권의 도덕성 회복과 사채 등의 지하경제의 폐단을 없애기 위해 전 대통령과 김 경제수석의 뜻이 맞아 떨어졌고, 전두환 대통령의 신임을 바탕으로 당시 재무부 장관이었던 강경식 씨의 지원으로 추진되었다.[8]

김 수석은 홍철 박사 등 새로운 경제전문가들을 경제비서실에 기용하는 데 일익을 담당하였고, 개혁적인 정책을 주도하기 위해 이승윤 재무장관을 퇴임시킬 수 있는 영향력도 보였다. 이러한 김 수석의 영향력은 5공의 경제정책을 좌지우지할 정도로 크게 작용하였다.

3. 여 당

급변하는 정치상황에서 출범한 전두환 정권은 정상적인 정치과정을 경험할 수 있는 여건이 조성되지 못했다. 정책에 대한 견제와 타

---

8) 문희갑, 「경제개혁이 나라를 살린다」, (서울: 행림출판사, 1992), p.232, 박진균, 「청와대 비서실」, 중앙일보사, 1994, pp.268-269.

협이 정상적인 정책과정에서 이루어지지 못하고 권위주의적이고 대통령의 권력중심이 너무 비대하기 때문에 여당 역시 대통령의 추종세력으로 머물렀다. 또한 대통령을 중심으로 한 비서실의 영향력은 당보다 우위를 차지하면서 여당은 정치적으로 대통령에게 영향력을 행사할 만큼의 위치를 차지 못했다.

전두환 정권에서의 금융실명제를 실시하게 된 배경은 이철희·장영자 사건을 비롯하여 5공에서 끊임없이 발생한 대형 금융사기사건과 부실기업정리에 대한 정부의 공정성에 국민의 신뢰하락으로 5공의 정통성을 더욱 어렵게 했기 때문이다.

실명제 추진은 경제개혁이나 전두환의 실명제에 대한 철학과 소신에 기인한 것은 아니다. 그러나 금융실명제 실시는 정치자금 조달의 어려움을 예상한 여당은 반대의 입장에 있었다. 그 이유는 기업으로부터의 정치자금의 유입이 실명제 실시로 투명해짐으로써 자신들의 정치적 활동을 제약하기 때문이었다. 개혁적인 차원에서 금융실명제 실시를 찬성하는 입장이었지만 정권의 유지와 재창출의 측면에서는 적극적인 반대의사를 나타내었다.

대통령에 대한 여당의 미약한 영향력은 대통령의 의지를 정면에서 바꾸기는 어렵기 때문에 생각이 같은 정치인과 관료들의 연대를 통하여 전두환을 적극 설득했다. 당내에서는 권익현 사무총장, 이종찬 원내총무, 진위종 정책위의장, 그리고 김종인 의원이 앞장섰고, 정치적 핵심인 비서실의 허화평, 허삼수 수석비서관, 그리고 개인적으로 가까운 노태우 내무부장관 등이 연대하였다.

이들 중에서 특히 김종인 의원은 실명제 시행의 반대이유를 국세청의 실명제 집행능력의 부족에 두었다.9) 당 차원에서 지속적인 반대를 위해 공청회10)를 주최하면서도 점차 민정당은 경제위축방지와

---

9) 이장규, 「경제는 당신이 대통령이야: 전두환시대의 경제비사」, 중앙일보사, 1991, pp.175-176.

국민의 적극적인 동참을 위한 보완책이 별도로 이뤄져야 한다는 입장을 취하였다. 또한 민정당은 공청회와 간담회에서 논의된 내용을 참고로 하여 8월 17일 정부안에 대한 보완책으로 실명거래 대상과 방법, 자금출처 조사, 과징금 부과, 종합과세에 대한 제1차 수정안을 내놓았다.[11]

여당의 주장은 자신들이 배제되는 가운데 이루어지는 실명제 실시는 유감이며 여론수렴의 필요성을 강조하면서 반대 입장을 표시하였다. 그 입장은 실시 시기의 확정을 자제하고 실시에 따른 부작용의 최소화를 위해 실명제의 수정을 강하게 시사하는 수준에 머물렀다.

---

10) 민정당은 중앙당 통일당사에서 1982년 8월 10일 공청회를 가졌고, 8월 5일에서 12일 사이에는 각 시·도 지부 주최 간담회를 실시했다.(민주정의당, 「6·28 및 7·3 경제조치 안에 대한 공청회 종합보고서」, 민주정의당, 1982.)

11) 정부안에 대한 민정당의 제1차 수정안은 다음과 같다.(동아일보, 1982. 8. 18.)

　가. 실명거래 대상에 예외를 규정
　　○ 국·공채의 대통령령이 정하는 거래
　　-주택채권, 전신전화 채권, 지하철 채권
　　○ 기존의 정기예금, 금전신탁, 채권 만기 후 계속 예탁 시
　나. 자금출처 조사 배제를 원칙으로 하고 단, 미성년자 명의로 7백만 원 이상의 금융자산을 실명화 하거나 '82년 7월 3일 이후 예입된 금융자산은 예외
　다. 과징금 부과
　　○ 과징금 일체 면제: '83년 6월 30일 까지 실명화할 경우
　　○ 5%의 과징금 부과: '83년 7월 1일 이후 실명화하거나 무기명·가명으로 인출 시(단, '82년 7월 3일 이전에 예입된 정기예금이나 금전신탁과 채권의 만기가 '83년 7월 1일 이후에 발생하는 경우는 과징금 면제)
　라. 종합과세: 이자, 배당 소득 및 주식 양도차익에 대한 종합과세는 1983년에 재검토(단, 무기명, 가명의 이자, 배당 소득에 대해서는 30%, 실명의 이자, 배당 소득에 대해서는 10%로 차등 분리과세)

제3절 금융실명제 정책환경과 행위자

1. 정치상황과 행위자의 상호 작용

전두환 정부는 군사정권으로부터 파생된 정치적 불안정은 정부가 자율적으로 정책을 추진할 수 있는 자율성의 제약이 크게 작용하였다. 게다가 심각한 인플레와 외채의 누적, 저조한 경제성장률, 그리고 미국과의 통상마찰 등이 경제발전을 통한 정치적 위기를 극복하는 수단으로 삼기 위한 경제정책관리에 큰 걸림돌이 되고 있었다. 그러나 경제정책추진에 있어서 정부의 자율성을 보장해준 점은 정치적 위기는 지속되었지만 권위주의적 정치체제를 바탕으로 한 노동운동과 학생운동 등 체제도전세력에 대한 철저한 통제로 복지와 형평성 요구를 배제할 수 있었다는 것이다.

이러한 정치상황은 금융실명제 정책추진에도 작용하였는데, 억압과 통제체제로 인한 정부의 자율성이 높았다고 할 수 있다. 즉 정부의 정책에 대한 비판세력이 활성화되지 못했고, 권위주의 정권으로 인해 재계로부터 제한을 받지 않았고 정부의 정책 추진력은 크게 신장되었다.

전 대통령의 두터운 신임을 배경으로 경제정책을 주도한 김재익 수석을 비롯한 개혁파들의 기업들에 대한 개방화·자율화정책은 계속된 불황 속에 도산의 위기에 직면한 기업이 많은 불안감과 저항을 일으켰다. 이들의 안정화, 자율화 등의 경제정책에 대해 여당 고위간부 등 정치인들과 청와대 군 출신 수석비서관들은 소수의 개혁파 관료들이 경제와 나라를 망치고 결국은 정권까지 위협한다고 인식하였다.[12] 그러나 김 수석과 개혁파 경제 관료들은 지속되는 불황에도 불구하고

---

12) 정정길, 앞의 글, 1992, pp.231-232.

기업에 대해 정부의 금융긴축과 같은 불리한 정책을 추진했고, 단지 재무부나 상공부의 반발이 있었지만 경제기획원의 영향력에 미치지 못했으며 재벌들도 군사권위주의 정권의 정치력에 반발을 못했다.

이렇게 사회와 재계에 대한 강한 통제력과 영향력을 행사했음에도 불구하고 전 정권의 체제적 정당성의 미흡으로 정치적 불안정이 지속되는 가운데 이철희·장영자의 금융사건은 대통령 친·인척 비리[13]와 함께 체제도전의 요인이 되어 정치적으로 심각한 국면을 맞게 되었다. 1982년 5월 발생한 이철희·장영자 부부의 금융비리 사건은 정권의 정당성의 미흡과 권위주의적 지배체제에 대한 국민들의 불만을 가중시키면서 체제위기극복으로의 새로운 돌파구를 필요로 하게 만들었다. 이 사건은 구 공화당 창당에 필요한 정치자금의 조성과 같이 민정당창당 정치자금의 조달관련설과 더불어 전두환 정권의 정치자금조달을 위해 치밀하게 계획된 정치적 스캔들로 확대되었다.[14]

이 사건으로 체제적 정당성의 미흡이 더욱 부각되었고, 정권의 비도덕성이 가중된 것이다. 따라서 정권의 도덕성을 회복하기 위해 1982년 6월 25일 전두환 정권은 위기를 극복하기 위해 정부개각과 6·28 금리인하조치를 취하였고, 여당과 정부 내 두 허 수석 등도 전혀 인지하지 못한 상태에서 당시 실무작업의 총책인 김재익 수석은 김준성 부총리를 따돌리고,[15] 김경제 수석과 강경식 재무장관이

---

13) 전 대통령의 장인 이기동 씨의 동생 이규동 씨가 이철희·장영자 사건에 연루되었으며, 이 사건으로 전 대통령의 처삼촌인 이규광(당시 광업진흥공사 사장) 씨가 구속되었다.

14) 윤원배, 「금융실명제」, (서울: 비봉출판사, 1993), p.23.

15) 고강철, "재무부 금융실명단 잉태에서 낙태까지", 「월간다리」, 1990. 5. p.247 '세상을 놀라게 한 6·28 금리인하조치가 있기까지 재무부는 많은 인사이동과 변혁을 가져왔다. 70년대의 조세 및 금융지원을 관리하면서 한국의 경제정책을 좌지우지했던 재무부는 정책금융의 철폐와 금융자율화를 주장하는 개혁파들의 공격을 받으면서 기존의 정책이 퇴색되었다. 이와 같은 개혁조치는 상황이 가세하면서 6·28 금리인하조치

극비리에 실무작업을 거쳐 1982년 7월 3일 금융실명제 내용을 골자로 하는 일명 7·3조치를 발표했다.

이·장 사건에 대한 정권의 위기를 극복하기 위한 정부의 대응조치인 7·3조치 내용의 골자는 사채양성화와 금융거래 정상화를 위해 예금, 주식, 국공채, 회사채 등 모든 금융거래에 실명거래를 적용하는 사채 양성화와 관련한 실명거래 실시와 종합소득세제 개편방안이었다. 또한 모든 금융거래를 실명으로 하여 투명한 금융거래를 정착시켜 금융거래의 정상화를 도모하고 지하경제의 폐단을 제거함에 있다. 그리고 금융자산소득에 의한 종합과세를 통하여 조세부담의 형평성을 제고하기 위함이라 7·3조치의 취지와 목적을 밝히고 있다. 7·3조치에 대한 내용은 (표 3-1)과 같다.

이렇게 전격적으로 결정이 이루어진 것은 전정권의 체제적 정당성의 미흡과 함께 도덕성의 의심이 이·장 사건으로 정치적 체제위기를 더욱 가중시켰기 때문에 전 대통령은 이·장 사건을 조기에 매듭짓고 정권에 치명적인 사건의 재발 방지를 위한 대안이 필요했다. 이때 실추된 정권의 도덕성 회복과 정의사회구현의 정책이념과의 부합 등을 달성할 수 있는 정책안으로 김 수석과 강 재무장관이 금융실명제를 건의했다. 이에 그는 어린 시절 가난하고 힘없는 가정생활과 주의환경에서 권력과 힘의 중요성을 인식하여 왔었고 정권수립과정에서 이를 더욱 확인한 그의 정치관이 작용하였다. 따라서 정권수립 자체가 힘의 논리로 접근한 결과이므로 정권유지를 위해서는 합리적인 절차를 통한 문제해결보다는 수단과 방법을 가리지 않고 목표를 달성할 수밖에 없는 입장이었다. 더군다나 잘 흥분하고 행동이

라는 결과를 가져왔고, 김재익 수석과 강경식 재무부장관이 중심이 되어 진행된 일련의 개혁조치들은 경제안정화와 개방화는 지속적으로 추진되었지만 현실주의자인 서석준 부총리의 반대와 아웅산 사건으로 인한 김재익 씨의 사망으로 자율화는 점차 거의 실효를 거두지 못했다.

즉흥적인 전두환 대통령의 성격과 힘의 논리를 중요시하는 정치관이 발동했고, 특유의 공격적이고 저돌적인 리더십이 작용한 것이다.

(표 3-1) 사채양성화와 관련한 실명거래실시와 종합소득세제 개편방안(7·3조치)

구 분	내 용
실명거래 대상과 방법	● 실명거래 대상 　－ 은행을 비롯한 단자회사, 상호신용금고 등의 제2금융권 거래 주식, 회사채 등의 증권거래 등 모든 금융거래 ● 실명거래 방법(거래 시 제시) 　－ 개인: 주민등록증, 　－ 법인: 사업자등록증
실명화 시한	● 실명전환 기간: 1983년 6월 30일까지 　－ 금융실명제는 1983년 7월 1일부터 전면 적용, 신규거래인 경우는 1983년 1월 1일부터 실명적용
자금출처 조사	● 자금출처 면제 대상 　－ 1인당 3천만 원(20세 미만은 7백만 원)까지 　－ 자기회사나 계열회산에 투자하거나 은행에서 공모하는 주식을 매입하는 경우 　－ 은행에서 정리하는 부실기업 인수 경우 　－ 단자 또는 상호신용금고 설립을 위한 출자와 증자할 경우 　－ 장기주택 채권을 매입하는 경우
과징금 부과	● 실명시한 기간 이후의 가명거래 시 　－ 1983년 7월 이후부터 86년 6월 30일까지의 가명거래: 예금액의 5% 　－ 1986년 7월 1일 이후 실명화된 가명예금: 실명 직전 3년간의 이자소득의 50%를 징수
종합과세	● 분리과세를 종합과세로 전환(83. 1. 1.부터) ● 종합소득세의 최고세율 인하 　－ 현행 76.5%에서 50%로 ● 증권거래 매매차익도 과세

다시 말해서 전 정권의 금융실명제 정책은 미리 준비된 정책이 아니라 이·장 사건으로 인한 정치적 위기를 극복하기 위한 정책행위자의 정책안이 전 대통령과 뜻을 같이 했고 장애물 돌파능력이 뛰어난 전두환 대통령의 리더십이 크게 작용한 것이다. 그의 척박한 성장과정과 군 생활에서 강화된 과단성과 보스기질은 목표성취를 위한 강한 의욕과 의협심으로 정권찬탈과정에서 보여주었듯이 과감한 리더십이 금융실명제 결정과정에서 그대로 나타나 결정과 발표가 전격적으로 이루어졌다.

7·3조치 발표 후 전 대통령은 금융실명제를 통해 실추된 정권의 도덕성 회복과 전 정권의 정책이념인 정의사회구현을 달성할 수 있는 것으로 인식하고 있었다. 따라서 발표 직후 7월 5일 청와대 수석회의에서 실명거래제에 대한 당위성 강조 발언에서 나타났고, 7월 23일에 평화통일자문회의 위원 초청만찬과 7월 31일 진해 기자회견에서도 경제적 정의사회구현의 측면에서 실명제 실시의지를 적극적으로 표현했다.

정치상황으로 인한 정책행위자의 상호 작용 측면에서의 논의는 금융실명제 실시 건의에 전 대통령이 결단력이 없었다면 7·3조치가 발표되지 못했다. 그러므로 전 대통령의 리더십의 영향이 매우 컸으며, 전 대통령과 김 수석과 강 재무장관의 순기능적 상호 작용이 이루어졌고, 전격적으로 이루어진 조치이기 때문에 여당은 정책결정에 전혀 참여하지 못했다.

2. 정권의 성격과 행위자의 상호 작용

전두환 정권은 정권창출과정에 참여한 인물들이 군부로 이루어진 군사정권이기 때문에 정권수립 후 국가의 주요 요직은 주로 군인출신 정치인에게 전리품으로 전락한다. (표 3-2)에서 군인 출신의 엘리트 충원이 21%로 나머지 정권과 비교할 때 가장 높은 비율이다.

 정권의 성격은 정치기득권세력들의 정치적 성향을 결정한다. 즉 군사정권의 경우 군인 출신이 정치운영의 핵심요직에 임용되고 대통령의 통치력 강화에 기여한다. 전두환 정권의 대통령비서실도 예외는 아니었다. 특히 허화평 정무수석비서관, 허삼수 사정수석비서관, 이학봉 민정수석비서관 등은 전두환의 최 측근에서 전 대통령의 통치력 강화 역할을 해 왔으며 국가의 주요 정책결정과정에도 역대 어느 정권에서의 수석비서관보다도 강한 영향력을 행사한 비서관으로서 금융실명제 정책결정과정에서 전 대통령의 정책의지에 많은 영향을 주었다.

(표 3-2) 전두환 정권의 부문별 엘리트 충원 현황

구 분		부 문 별				
		행 정	민 선	비민선	혼 합	사 법
전 직	학 자	11	8	19	9	0
	관 료	59	11	7	41	0
	정치인	0	35	14	13	0
	군 인	21	8	12	18	0
	언론인	3	14	4	8	0
	법조인	5	7	9	6	100
	경제인	1	14	30	5	0
	기 타	0	3	4	0	0
합 계		100(157)	100(201)	99(69)	100(63)	100(58)

자료: 안병만, 「한국정부론」, (서울: 다산출판사, 1993), pp.250-265.

 전 정권의 정치핵심세력인 정무·사정·민정수석 등이 권한 강화와 정책결정 과정에서 영향력 증대는 정권의 성격으로 인해 나타났다. 또한 비서실 자체의 힘과 장관들의 짧은 임기와 전문성의 결여도 그 원인이 되었다. 예를 들어 전두환 정권의 경제부처 장관의 임기는 70년대의 평균 3년인 데 비해 80년대는 1. 2년에 불과했다.(표 3-3) 따라서 전두환 정권의 경제부처장관은 업무를 파악할 정도에서 개각으로 인해 퇴임을 반복했다. 이것은 대통령의 정책결정에 깊이 참여할 수 있는 기회와 대통령의 정책의존도에 있어서 수석비서관들보다 상대적으로 낮아진다는 것을 의미하는 것이다.

특히 군사정권에서의 최 측근들은 집권과정에서 일등공신이나 충성심이 강한 사람으로 충원되기 때문에 장관보다는 대통령과 수석비서관들과의 관계가 더욱 밀접하다고 볼 수 있다. 전 정권의 허화평, 허삼수, 이학봉 수석비서관의 역할이 이를 반증하고 있다. 또한 대통령이 전문지식과 경험이 부족하면 해당 수석비서관들에 대한 정책결정 의존도가 높아지기 때문에 더욱 이러한 현상이 나타난다. 실제로 경제정책에 있어서는 김재익, 사공일 경제수석에게 거의 모든 집행의 권한을 맡기고 감독하는 관리방식을 보였다.

(표 3-3) 경제기획원과 재무부장관의 재임기간과 출신배경

정 권	기 간	평균재임 기간(개월)	출신배경(명)			
			계	관 료	군 인	기 타
박정희 정권(유신정권)	1973-79	37.8	5	3	0	2
		비율(%)	100	60	0	40
전두환 정권	1981-87	15.8	12	4	0	8
		비율(%)	100	33	0	67
노태우 정권	1988-92	19.1	8	4	0	4
		비율(%)	100	50	0	50

자료: 정정길, 위의 책, 1994, p.143.

전 대통령은 수석비서관과 장관에게 많은 정책자문을 구하면서 행정부 각 부처가 관련정책을 결정하고 추진하도록 독려하는 리더십을 보였다. 전두환 대통령의 리더십은 자신이 지식적으로 부족하다고 생각하는 분야는 결정권한을 실질적으로 하부로 많이 위임한다는 것인데, 경제수석비서관이 실무지식이 부족한 외부전문가일 경우에는 행정부처의 견제를 받거나 고위 직업관료들에게 결정권한이 공유되는 경우도 있었다. 그러나 경제 분야에 있어서 전문적인 지식이 부족한 전두환 대통령은 주로 경제수석비서관들에게 많이 의존하였고, 특히 김재익 경제수석비서관의 경우 전 대통령은 그를 깊이 신임하면서 경제성책관리의 실질적인 책임자의 역할을 부여했다.

김 수석으로부터 경제교육을 받은 전 대통령은 경제에 대한 인식이 김 수석과 맞아떨어지면서 성장위주의 과거 경제정책에서 안정화로의 급격한 정책전환은 경제부총리가 팀장이 되지 못하고, 김 수석이 실질적인 영향력을 행사하게 된 것이다. 그리고 당시의 권위주의적인 정치체제하에서의 정책결정권이 전 대통령에게 독점됨으로써 전 대통령과 밀접한 관계를 유지하고 있는 김 수석의 영향력이 크게 확대되었다.

그러나 김 경제수석이 정상적인 정책운영에 있어서는 대통령 다음으로 강한 영향력을 행사할 수 있었지만 전 대통령의 핵심 측근이자 수석인 허화평, 허삼수 수석비서관 등은 전 정권의 성격으로 형성된 전 대통령과의 정치적 인맥으로 금융실명제 정책결정에서 많은 영향력을 행사하였다. 어느 정권에서나 정치적 생명을 같이 해 온 측근과 대통령의 관계가 인맥으로 형성되지만 특히 군사정권의 성립은 정치적 위험성을 가지고 시도한 과정으로 이루어지기 때문에 대통령과 추종자들의 관계는 정상적인 정권창출과정과 비교해 볼 때 정치적 인맥관계는 특이하다.

전정권의 두 허 수석은 보안사 시절부터 군사정권이 수립되기까지 전 대통령과 정치적 생명을 같이 한 측근참모로서 대통령의 취임과 동시 정무, 사정수석비서관에 임명되어 정치적 영역은 물론 국가의 주요 정책결정에 영향력을 행사할 수가 있었다. 따라서 이러한 영향력의 행사는 군사정권 창출 자체가 힘을 바탕으로 한 정권창출과정이므로 참여자들은 끝까지 정치적 생명을 같이 하는 특성을 가지고 있다. 그러므로 이렇게 형성된 관계가 정권창출 후에도 국정운영에 그대로 이어지는 양상을 띤다. 이러한 형태들은 군사정권의 성격으로 설명할 수 있으며, 이 정권의 성격에서 비롯된 관계로 전 대통령도 이들의 주장을 쉽게 무시하거나 배제하기가 용이하지 않다.

또한 전 정권의 성격이 체제적 정당성의 미흡으로 인해 체제전복세력과의 지속되는 갈등을 감수해야 하는 구조적인 문제를 가지고 있다. 따라서 정치기득권층은 자신들의 입지가 훼손되는 사안에 대해 크게 반응할 것이고, 재집권을 통한 정치보수세력으로서의 안정된 정치생명을 연장하려는 정권의 성격을 갖고 있다.

전 대통령 리더십도 충성과 복종에 대한 철저한 보상과 배려로 조직을 운영하였으며, 집단에서 나타나는 보스적 기질을 소유하였다. 일반적으로 보스와 부하는 충성과 의리를 강조하는 관계를 형성함으로써 조직이 운영된다. 전 정권의 성격 자체에서 비롯된 정치기득권의 구성도 이와 같다. 이러한 정권의 성격과 전 대통령은 보스로서의 강한 리더십 때문에 가능한 한 결정을 자주 번복하지 않으며, 또한 그는 영웅심이 많고 보스로서의 결단력과 권위를 지키기 위해 노력을 하는 성격이므로 한번 결정된 사항에 대해서는 더 이상 거론하지 않는 리더십을 가지고 있다. 그리고 참모들의 정당한 반대주장을 무시하지 않는 특징도 가지고 있었다.

한편 허삼수·허화평과 이학봉 수석은 집권과 유지에 대한 집착력이 매우 강한 인물들이었고, 군사정권의 성격으로 인해 정치적 불안정이 계속해서 상존해 있었기 때문에 자신들의 정치적 생명을 연장하기 위한 재집권수단과 재원을 정치자금에 두었다. 정치운영에 있어서 정치자금은 정권유지에 필수적인 요건이기 때문에 정치자금의 흐름을 노출시키는 금융실명제 실시는 이들에게는 정치적 활동을 제약하는 가장 큰 장애물로 인식하고 있었다.

전 대통령과 이들은 정치세력으로서의 강화된 집단의 성격을 띠고 있다. 그러나 이·장 사건을 처리하는 과정에서 전 대통령과 의견을 달리하면서 '82년 말 개각으로 비서실을 퇴진하는 계기가 되었다. 두 허 수석은 이·장 사건에 대해서 재발방지와 정권의 도덕성 실추에 대해서는 매우 깊은 회의를 가졌고 사건처리에 대해서는 강경한 주장을 내세우며 재발방지 차원에서의 개혁의 모습을 보였다. 그러나 실명제 실시 반대주장이 강하게 표출되었는데, 정권의 유지와 재창출을 통해 정치적 생명을 연장하려는 철저한 보수세력으로의 특징과 역할을 보인 것은 군사정권의 성격으로 인한 정당성의 확충과 정치적 불안요인의 해소, 그리고 재집권의 수단을 정치자금에 두고 있었기 때문이다.

정치보수세력들은 7·3조치를 통한 전 대통령의 과감한 리더십의 발동으로 실명제 실시에 대한 결정이 내려지자 금융실명제 실시로 자칫 정권의 위기와 도덕성의 문제로 확대되고 자신들의 정치적 입지가 위협을 받을까 하는 우려로 노심초사하였다. 금융실명제의 실시는 전정권의 정치자금의 확보과정이 투명하게 드러날 수 있고, 5공의 음성적인 정치자금이 실명제의 실시로 인해 체제적 정당성의 미흡으로 항상 정부의 정당성의 시비까지 연결되는 정권으로 평가됨으로써 오는 비도덕성의 심화가 예상될 수 있기 때문이다.

이들은 전 대통령의 신임하에 김 수석이 추진하고 있는 실명제 시행의 반대를 위해 전 대통령과 가까운 노태우 내무부장관을 비롯한 민정당 등 신군부 세력들을 동원하여 전 대통령의 의지를 약화시키려고 노력하였다. 이렇게 허화평, 허삼수 두 수석비서관은 전두환 대통령의 실명제 실시결정을 완전히 번복시키고자 시도했지만 김 경제수석과 강경식 재무장관의 요청을 최초의 결심대로 전 대통령이 수용하였고, 두 수석의 노력은 무산되었다. 이어서 허화평, 허삼수 수석은 전 대통령의 친인척 비리에 따른 구속 등과 관련된 문제로 전 대통령과의 갈등을 해결하지 못하고, 이·장 사건과 친인척비리에 대한 정부의 대응조치로 있었던 1982년 말 개각으로 퇴각되었다.[16]

그러나 일명 7·3조치로서 전격적으로 발표된 금융실명제 실시는 현실론에 직면하게 되는데, 금융시장의 붕괴, 부동산 등 실물투기 자본의 해외도피 등이 예상되어 현실적인 문제가 심각하게 제기되었다. 정치권에서는 정치자금에 민감한 정당들이 음성적 정치자금의 흐름이 투명해짐에 따라 정치자금의 노출이 예상되는 금융실명제의 실시는 자신들의 정치적 활동을 제약하는 것으로 인식했다. 따라서 금융실명제 발표초기에 민정당은 실명제가 자금의 흐름을 정확히 파악하고 검은 돈의 음성적 흐름을 방지하며 사채를 비롯한 지하경제를 제도금융으로 흡수, 양성화하자는 측면에서는 찬성을 나타냈다.

결과적으로 정치자금의 흐름이 표면화됨으로써 오는 정치자금 조달의 어려움은 정당성의 확충, 체제유지 및 재선과 직결되는 것으로 인식하여 전 대통령과의 정치적 인맥을 구성하고 있는 신군부 세력을 중심으로 한 정치적 보수세력들이 전 대통령의 실명제 정책의지에 영향을 주었다. 전 대통령은 반대의견을 배제할 수 없는 입장과 옳은 의견은 잘 수용하는 성격이 있다. 그리고 결심한 사안에 대해서도 참모들의 주장이 옳다고 인정되면 과감하게 결단을 내리고 철회시키는 한편 그 사안에 대해서는 더 이상 거론을 하지 않으려는 전 대통령의 리더십이 작용하였다. 이 반대입장의 인물들은 주로 당시 권익현 사무총장, 이종찬 원내총무, 진위종 정책의장과 김종인 의

---

16) 이장규, 앞의 책, pp.177-178.

원 등이다.[17)]

이들의 반대의견은 정부의 강력한 경제조치라고 할 수 있는 7·3 조치에 대해 민정당의 사전협의가 없었다는 것에 대한 유감의 표시로 본격화되었다.[18)] 7월 15일 대구 기자간담회에서 권익현 사무총장은 우리나라의 재산 미공개의 미덕을 강조하면서 이러한 전통과 관습이 반영되어야 한다고 주장하였다.[19)] 이어서 7월 22일 공청회 전에 있었던 당정접촉에서 권 사무총장은 정부시책을 지지하고 여론수렴을 통한 정책의 문제점 비판 등의 역할이 여당의 임무라고 설명하면서 금융실명제에 대한 반대를 암시하였다.[20)]

또한 7월 27일 민정당 이재형 대표의원은 금융실명제 실시시기를 확정하는 것이 중요한 것이 아니라 부작용에 대한 보완책 마련이 선행되어야 하고 소액 이자에 대한 분리과세가 현실적이라고 하면서 금융실명제의 수정의 정당성을 강하게 나타냈다.[21)] 정당은 7월 23일 공청회를 시작으로 당의 핵심인 신군부 출신 의원들은 실명 거래제가 실시됨으로써 정권의 도덕성 시비로 자기들의 입지가 크게 훼손될 것을 우려하면서 적극 반대하는 입장을 표명하였다. 따라서 민정당은 8월 10일 중앙당 통일당사에서의 공청회와 8월 5일부터 8월 12일 사이에 각 시, 도지부 간담회의 논의를 토대로 민정당의 보완안을 내면서 7·3조치로 인한 충격을 최소하고자 노력했다. 이에 정부에서는 민정당의 안을 어느 정도 수렴하면서 9월 4일 '세법개정안과 실명거래 법률안'(표 3-4)을 확정, 발표하고 10월 25일에는 국회에 상정하였다.

---

17) 위의 책, pp.175-176.
18) 동아일보, 1982, 7. 10.
19) 동아일보, 1982. 7. 15.
20) 동아일보, 1982. 7. 23.
21) 조선일보, 1982. 7. 28.

(표 3-4) 세법개정안과 실명거래 법률안의 주요내용

구　분	내　용
실명거래 대상	● 실명거래 예외대상(만기 시 까지) 　－기존의 무기명·가명 정기예금, 　금전신탁, 채권
실명화 시한	● 신규예금은 1983년 1월 1일부터 　실명 후 거래가능
자금출처 조사	● 실명화된 금융자산은 조세 중과 및 　조사에서 제외(단, 미성년자 명의의 　7백만 원 이상은 조사)
과징금 부과	● 원본의 5% 과징금 부과－1983년 　7월 1일 이후 실명화한 금융자산 　또는 무기명으로 인출한 경우
종합과세	● 1989년 7월 이후로 연기
금융정보 비밀 보장	● 규정 첨가

자료: 중앙일보, 1982. 8. 14, 동아일보, 1982. 8. 13.

이와 같은 정부의 실명거래 법률안은 7·3조치를 유명무실하게 만들었고, 민정당은 당정협의회에서 국회에 제출한 실명거래 법안을 재검토하여 보완하기로 하였다. 민정당의 움직임은 계속되었는데, 정순덕 의원은 11월 23일 당소속의원 150명의 서명을 받아 국회에 금융실명거래 법안에 대한 수정안 (표 3-5)을 제출하였다.

(표 3-5) 민정당의 금융실명거래 수정법안 내용

구　분	내　용
실명제 시행 시기	● 1986년 1월 1일 이후(실시여건을 　고려)
자금출처 조사	● 실명화 유도를 위해 배제
종합과세	● 1989년 이후로 연기하고, 1983년 7월 　1일 이후 무기명·가명 금융소득에 　대해 실명보다는 5%, 1985년 1월 　1일부터는 10% 높게 차등과세

구 분	내 용
금융거래의 비밀보장	●현행 예·적금 비밀보장법 폐지→규정 신설

자료: 동아일보, 1982. 11. 2.

수정안에 나타난 이러한 민정당의 주장은 우선 실명제의 실시로 일반 저축의 감소와 부동산 투기 현상, 음성적인 자금거래와 자금의 해외도피 등의 문제가 발생한다는 것이다. 또한 실명제를 실시하기 위한 제반여건으로 전산화 등 종합과세를 위한 정부의 준비미흡을 강조하고 있다. 이로써 전격적으로 실시하려던 정부가 발표안인 7·3조치의 내용은 크게 수정이 가해졌다.

이렇게 7·3조치의 내용이 반대에 부딪쳐 계속해서 수정되었고, 마침내 5공 당시 노태우 장관을 비롯한 집단적 반대세력은 전 대통령을 집요하게 설득하여 실명제 실시결정을 번복하는 서명을 받아냈다.

전 대통령의 금융실명제 정책의지에 정면으로 강하게 반대할 수 있었던 인물들은 정권창출과정에 공헌한 군 출신들이었으며, 정권의 성격으로 인한 이들과의 정치적 관계로 반대주장을 배제하지 못했고 반대주장이 일단 수용되면 더 이상 논의하기를 싫어하는 우유부단하지 않으면서도 결단력 있는 전 대통령의 리더십이 함께 작용함으로써 전 정권의 금융실명제는 추진으로까지 연결되지 못하고 김재익 수석과 강경식 재무장관의 입장을 고려해 금융실명제의 실시를 완전히 없었던 것으로 백지화시키지 않으면서 법안제정은 5년간 시행을 연기하는 것으로 일단락 맺었다.

3. 정권의 이해관계와 행위자의 상호 작용

전두환 정권의 금융실명제는 전 대통령의 정책의지가 실행단계까지 지속되지 못했다. 정책금융의 철폐와 금융자율화를 주장하는 개혁파들이 전 대통령의 신임을 바탕으로 재무부의 관료들과 많은 갈등을 일으켰다. 재무부내의 많은 관료들의 인사이동은 김재익 수석과 같은 개혁파들에게는 재무부를 장악하여 자기들의 경제정책을 펴나갈 수 있는 기회가 되었다.

마침 정치적 위기와 경제적 불안정을 회복하기 위해 경제안정에 중점을 둔 일련의 경제정책도 이철희·장영자 사건이 발생하면서 정권의 도덕성을 더욱 의심받게 되었다. 마침내 강경식 재무부장관과 경제수석비서관인 김재익은 전 대통령의 신임을 바탕으로 금융실명제 실시를 강력히 요구하였다. 즉 이를 극복하기 위한 해결책으로 실명제를 주장하는 김 수석과 강 재무장관의 요청대로 전두환 대통령은 적극적인 태도로 금융실명제 실시를 내용으로 하는 7·3조치를 수용한 것이다.

이 사건으로 경제전반에 걸친 파급효과를 최소화하고 지하경제를 양성화시키기 위한 일련의 조치가 시급해지자 정부는 부동산 경기부양책인 '5·18 경제활성화조치'와 금리인하조치로서 '6·28 투자촉진을 위한 경제활성화대책' 등을 내놓았다. 이어서 1982년 7월 3일 정의사회구현을 위한 개혁차원에서 사금융 및 금융거래의 양성화, 탈세방지를 정책목표로 하는 금융실명 거래제의 도입을 발표하게 된 것이다. 김재익 경제수석비서관과 강경식 재무장관이 중심이 되어 작업한 7·3조치의 구체적인 내용은 실명거래제의 실시대상과 시기, 자금출처 조사면제대상, 관련조치내용 및 부동산투기 억제대책 등이다.[22]

---

22) 한국일보, 1982. 7. 8.

7·3조치 후 7월 5일 청와대 수석비서관회의에서 전 대통령은 실명거래제가 성공하면 선진국대열의 의식구조를 갖추게 되기 때문에 과히 혁명적이라 아니 할 수 없다고 지시했다.23) 이러한 전 대통령의 정책의지는 정의사회구현이라는 전두환 정권의 슬로건과 일치시키고 이철희·장영자 사건으로 정권의 도덕성 실추가 심화됨에 따라 국민들의 여론을 의식하고 사회개혁의 차원에서 추진하려는 의도였다.24) 제11대 대통령 취임연설에서 볼 수 있듯이, 전두환 대통령은 정의로운 복지 국가건설이라는 지도이념아래 수단적 목표로 민주주의의 토착화, 복지사회의 건설, 정의사회구현 등을 내세웠다. 그러나 갑자기 터진 금융스캔들의 위기를 반전시키기 위해 제도적인 준비가 안 된 상태에서 위기의식을 느낀 전 대통령은 비경제전문가적이고 군사령관의 지휘와 같은 정치스타일이 나타났다. 따라서 실명제를 실시할 수 있는 제도적 여건과 분위기 조성 등 여러 가지 면에서 준비가 미흡함으로써 실패를 가중시킬 수밖에 없었다.

또한 정치자금 확보를 통한 정치적 안정도모와 재집권이 신군부출신 정치인과 정치적 보수세력의 이해관계로 작용하면서 전 대통령의 정책의지가 약화되었다. 전 정권기의 정치자금은 임기 말까지 지속적으로 이루어졌는데, 재계는 전국 경제인연합회와 상공회의소, 한국무역협회가 기탁하였고, 성명비공개 정치자금 기탁액이 재개의 공개적 기탁액보다 많은 부분을 차지하고 있다. (표 3-6) 그리고 이 기탁금에 대한 정당배분은 여당인 민정당이 독차지했다.25)

---

23) 이장규, 앞의 책, pp.173-175.
24) 강경식, 「가난구제는 나라가 한다」, (서울: 삶과 꿈, 1992), pp.188-189.
25) (표 3-6)에서 '82년에 받은 정치기탁금 1,585,520천 원을 민정당에 1,278,420천 원, 225,500천 원, 한국국민당에 81,600천 원을 배분했는데, 여당이 약 80%를 차지한 비율로 배분했다. (박종열, "제5공화국 정치자금", 신동아 1989년 1월, p.287 참조.)

(표 3-6) 전두환 정권의 정치자금 기탁현황

(단위: 천 원)

연 도	1982
성명비공개	1,585,520
재 계	200,000
계	1,785,520

자료: 중앙선거관리위원회, 「선거관리위원회사」, 1994.

정치자금과 관련하여 정치적 이해관계를 나타낸 정책행위자들은 두 허 수석을 비롯하여 주로 비서실의 핵심참모와 여당 내의 신군부 세력으로서 전 대통령의 가장 가까운 위치에서 정치적 관계를 유지하고 있는 정치인들이었다. 전두환 대통령의 비서실은 정권창출과정에서 정치생명을 같이 한 군 출신들이 정치적 주도권을 장악하고 있었다. 당내에서도 보수 군 출신 세력이 정권의 전면에 나타나면서 그들의 기득권 확보와 정치적인 안정세력 구축, 재집권을 위한 행보가 계속된다.

반면에 김 수석 등 일부 경제전문가들은 거시적인 경제정책과 개혁적인 경제 정책관리를 위한 적극적인 활동을 전개하면서 재집권과 정치적 안정과 같은 문제는 그들에게는 관심 밖의 일이기 때문에 보수세력과의 갈등을 피할 수 없었다. 5공의 성립에 실질적인 역할을 한 허화평, 허삼수, 이학봉 등이 모두 이 부류에 속한다. 이들은 정권수립과 동시에 정무, 사정, 민정수석비서관에 임명되면서 정치적 주도권을 계속해서 장악하려는 보수세력이었다.

경제전문가로서 개혁성향을 가진 김재익 경제수석은 안정기조의 경제정책을 추진하려는 전 대통령과 뜻을 같이 하면서 경제 분야에서의 비전문가인 전 대통령의 각별한 신임을 얻고 있는 금융실명제 정책추진의 실세이므로 정당성의 확보와 재집권을 위한 기초재원을

정치자금으로 인식하고 있는 정치적 보수세력들의 강한 반발을 샀
다. 다시 말해서 금융실명제 정책자체가 지하경제의 비존립성과 금
융의 흐름이 노출되는 정책이므로 음성적인 정치자금의 흐름은 불가
능한 것이다. 따라서 이들이 기업 등으로부터 획득할 수 있는 정치
적 재원, 즉 정치자금이 노출되기 때문에 개혁성향의 경제관료의 개
혁적 경제정책과 김 수석과 강 재무장관의 실명제 실시에 대해 부정
적 시각을 갖는 것은 당연하였다.

전 정권과 같이 정당성의 문제가 심각한 정권에서는 체제유지와
재집권을 위한 정치자금확보가 가장 큰 문제가 된다. 모든 정치·사
회적 위기를 극복하고 재집권을 위한 수단은 정치자금으로 인식하고
있었고, 정치자금을 마련하기 위한 정권의 노력은 당연한 것이다.[26]
정치자금은 공식적으로 조달될 수 있지만 정경유착으로 인한 음성적
인 과정으로 이루어지는 경우가 많다. 정치자금은 야당이나 정치적
반대세력을 통합하고 재구성함으로써 정권의 유지를 기할 수 있는
수단의 하나가 된다.

그러나 7·3조치 이후 정치자금 확보문제와 5공의 음성적 정치자

---

26) 어느 정권에서나 정치자금 조달에 대한 문제는 중요한 것으로 취급되는데,
전 정권에서의 정치자금은 새로운 단체를 설립하고, 이 단체를 통한 모금
으로 재원을 확보하는 형식을 취함으로써 이 단체들은 대통령 일가의
친·인척 비리의 온상역할을 했다.

(표 3-7) 5공의 비공식적 정치자금 내역

구 분	모금내역
단체모금	일해재단 성금: 598억 원 새 세대 심장재단: 299억 원 새 세대 육영회: 236억 원 새 마을 성금: 1,526억 원
정치자금 및 이권	정치자금성 헌금과 각종 사업결정 및 인·허가 커미션: 3000~4000억 원
선거지원모금	대선지원모금: 2000억 원 $+a$
합 계	7.600, 8,600억 원 $+a$

자료: 중앙일보, 1995. 8. 8

금의 흐름이 공개되는 것을 원하지 않는 정권의 이해관계를 가진 두 허 수석의 금융실명제 실시에 대한 지속적인 반대에도 불구하고 정의로운 복지국가 건설의 정책이념을 달성하고 도덕성의 시비를 극복함으로써 정권유지에 민감한 전 대통령의 정치관으로 실명제 정책의지는 변하지 않았다. 오히려 7·3조치의 정당성을 부각시키기 위해 노력했다.

전두환 대통령은 7월 23일 평화통일자문회의 위원 초청만찬과 7월 31일 진해에서의 기자회견에서 7·3조치를 통한 정권의 목표인 정의사회구현과 소급적용으로 사유재산의 불이익을 초래하고 개인의 재산상의 비밀공개가 실명제의 목적이 아님을 강조하면서 보완책으로 개인재산의 법적 비밀보호와 실명재산의 출처조사의 면제 등을 내세워 실명제 실시로 인한 충격을 완화시키려는 인식을 심으려 하였다.

강경식 재무장관은 이러한 내용을 골자로 하여 동년 8월 6일 7·3조치에 대한 보완내용과 추진계획을 전두환 대통령에게 보고하였다. 이에 비서실의 신군부 수석들과 여당은 집중적으로 반대에 나섰고,[27] 이들의 주장은 정치자금은 정당성으로 인한 정치적 위기를 극복할 수 있는 하나의 수단이므로 정치자금의 투명성으로 인한 정권 위기를 가중시킬 필요는 없다는 것이었다. 전 대통령도 이들의 정치적 이해관계를 수용하면서 한 순간에 실명제 시행을 철회시킨 것은 참모들의 정당한 의견에 대해 일단 옳다고 생각하면 즉시 결단을 내리고 다시는 거론하지 않는 그의 리더십 때문이었다.

전 대통령은 모든 국정운영을 추진력으로 관리한 강한 리더십의 소유자이지만 실명제 정책으로부터 파생되는 효과가 국가이익과 대통령으로서의 직책을 충분히 수행했다는 대통령의 철학과 정치관의

---

27) 실명제 철회에 기여한 중심인물은 허삼수·허화평 두 수석과 노태우 내무부장관, 김준성 부총리, 그리고 당대표를 비롯한 민정당 지도부 등이다.

차원에서 인식할 수 있는 리더십이 부족한 상태였다. 따라서 실명제 정책결정의 결과로부터 나온 특징은 여러 가지 국가 정책 집행의 차원에서 충분한 고려를 하지 않고 정책행위자들의 상호 작용에 따라 즉흥적으로 결정하고 과감하게 추진하는 그의 성격과 또 잘못되었다고 생각되는 결정에 대해서는 일순간에 과감하게 결심을 바꾸는 리더십으로 설명된다.

제4절 금융실명제 정책결정의 특성분석

전두환 정권의 정치상황과 정권의 성격은 정권창출 과정에서부터 권위주의적이고 정치적 불안정이 내재되어 있었다. 전두환 정권은 박정희 시해사건을 계기로 갑자기 부상한 군부실세로서 정권의 불안정을 이용하여 최규하 전 대통령의 허약한 통치를 자신의 강력한 리더십과 군의 물리적 힘을 바탕으로 정권을 장악했다. 정치 및 재야 세력과 국민은 강한 물리적 힘에 의해 무력화되고 정권의 찬탈이 가능하게 되었다.

이러한 정권의 창출과정은 5·18 광주민주화운동과 같은 비극의 역사와 인과관계를 만들었고, 언론 통·폐합으로 이어지는 인권탄압은 정권에 대한 국민의 불신을 증대시켰다. 이러한 정치적 상황에 대한 반대급부로서 정의사회 구현 등을 내세우고 삼청교육대를 통해 사회정화를 목표로 사회의 악을 척결한다는 정권의 의지는 국민들의 기본생활을 더욱 억압하는 권위적인 통치의 성향을 보였다. 계속되는 국민의 불만이 고조되면 될수록 정권유지를 위한 행보가 신군부

세력의 강한 물리적인 힘과 추진력으로 전두환 대통령의 리더십은 억압적이고 권위적인 지배성향을 가질 수밖에 없었다.

다시 말해서 박정희 정권의 권위주의적 정치체제를 그대로 이어받은 전두환 정권은 정치적 문제는 강한 통제기제를 바탕으로 사회 내의 정치적 반대저항세력을 철저히 통제하였다. 5공에서 정치적 위협으로 작용하는 노동운동 및 농민, 학생운동에 대해 과도하게 투입된 공권력은 이들의 요구를 철저히 배제시키며 권위주의적인 정치체제를 유지하였다.

전 정권은 정권창출과정에서 파생된 체제의 정당성이 미흡한 권위주의적 군사 정권이므로 정권자체가 처음부터 정당성이 매우 미흡한 정권이다. 따라서 체제 도전세력에 대한 철저한 통제가 전 대통령을 중심으로 정치기득권세력에게는 유일한 정치적 생존수단이었다. 이러한 본질적인 전 정권의 체제적인 조건과 이·장 사건으로 인해 파생된 정치상황은 금융실명제 실시를 유도했고, 이러한 정치상황을 극복하기 위해 경제관료인 강경식 재무장관과 김재익 경제수석이 실명제 실시를 건의하자 전 대통령의 특유한 결단력과 과감한 리더십으로 7·3조치를 단행하였다.

그러나 정치자금을 수단으로 체제유지와 재집권을 위해 금융실명제 실시를 반대하는 정치적 보수세력의 두 허 수석과 노 내무장관, 여당 등이 전 대통령의 정책의지에 제동을 걸었다. 이 정치보수세력들은 군사정권 창출과정에서 무임승차가 아닌 전 대통령을 중심으로 정권찬탈과정에 목숨을 건 인물들이었다. 따라서 정권수립 후 경제정책을 담당하는 분야와 같이 전문지식을 필요로 하는 분야를 제외하고 주로 정치 분야에 충원되는 인물들은 전리품 성격으로 정부의 주요 요직에 임명되었다.

대표적인 인물들은 허삼수 사정, 허화평 정무, 이학봉 민정수석비서관, 노태우 내무장관, 유학성 안기부장, 박준병 보안사령관 등이다.

재집권을 위한 여당의 구성도 이러한 논리로 볼 수 있다. 그 이유는 정권수립에 공헌한 보상이며, 또한 정당성의 미흡과 정권에 대한 도전세력 때문에 그들은 항상 체제유지에 대한 불안감을 안고 국정을 수행해야 하므로 대통령이 모든 것을 믿고 맡길 수 있는 참모와 항상 충성을 바탕으로 목숨을 바칠 수 있는 조직원으로 구성하려는 특성을 가지고 있다.

이러한 전 정권의 성격으로 대통령비서실의 정무, 민정을 두 허 수석에게 맡겼고, 경제관료와 학계인사가 경제 분야의 전문부문에 임용되어 5공의 경제정책의 문제점 보완과 경제안정을 위해 개혁성향의 김 수석과 강 재무장관이 실명제 정책추진에 참여하였다. 7·3 조치는 김재익 수석과 강경식 씨가 재무차관 시절 실명제 정책에 참여했다가 '82년 5월 재무장관으로 임용되면서 이·장 사건을 수습하기 위해 본격적인 실명제 정책추진 전면에 나서게 된 것이다.

그러나 정치적 보수세력이 강하게 영향력을 행사할 수 있는 전 정권의 성격상 실명제 추진을 놓고 보수세력과의 마찰이 심화되었고, 마침내 보수세력인 두 허 수석과 당시 노 내무장관 등의 반대는 전 대통령을 중심으로 한 두 개혁세력의 실명제 실시결정을 철회하게 만들었던 것이다. 다시 말해서 처음에는 김재익 수석과 강경식 재무장관의 주장으로 전 대통령은 자신의 정책의지를 끝까지 관철하려 했다. 그러나 정치자금 조달이 실명제 실시로 어려워질 것을 우려한 두 허 수석과 5공 당시 노태우 내무부장관이 가세한 지배연합의 설득, 그리고 민정당 내의 정치적 이해관계로 전 대통령의 실시결정을 철회로 바꾸었다.

이후 민정당의 수정안이 '82년 11월 23일 국회재무위원회와 12월 2일 국회본회의를 통과하여 동년 12월 31일 '금융실명거래에 관한 법률'로 공포되고 일부 시행에 들어갔지만 1985년 전면실시 보류방침을 밝혔다. 그 이유는 금융실명거래 실시로 인한 경제에 주는 충

격은 바람직하지 않다는 것이었다.[28]

　이렇게 자율성이 높은 전두환 정부에서도 실명제 실시결정이 5년 간 시행연기로 귀결되고 끝내는 정권이 바뀌면서 백지화됨은 어떻게 분석이 가능한가? 금융실명제 정책을 추진하게 된 원인이 정치체제 불안정을 해소시키기 위한 정책대안으로 금융실명제가 전 대통령과 김 수석과 강 장관의 급작스러운 정책결정으로 이루어졌지만 전 정권의 성격으로 인해 구성된 정치보수세력의 정책행위자들이 반대하였고, 정권의 성격으로 인한 전 대통령의 관계는 이를 거부하지 못하게 만들었으며, 또한 참모들의 정당한 의견을 존중하고 수용하는 전 대통령의 보수적 리더십이 작용했다.

　다시 말해서 정치자금과 관련한 정치적 이해관계로 전 대통령을 보좌하는 두 허 수석비서관과 노 내무장관 등 정책행위자의 금융실명제 실시에 대한 적극적인 반대주장에 대해 전 대통령은 참모들의 조언이 옳다고 생각되면 자신의 결심을 바꾸고 더 이상 거론하지 않는 보스적인 결단력의 리더십을 소유했기 때문이다. 이렇게 전두환 대통령의 리더십은 합리적인 절차를 통해 문제해결에 도달하기보다는 강한 의욕과 의협심으로 문제를 해결하려는 성향을 가지고 있었다.

　또한 그의 본래 또는 성장과정에서 형성된 성격과 정치적 성장배경 자체가 집단적 성향이 강한 군사집단에서 보스로서의 리더십을 성장시켜 왔기 때문에 참모 간의 의견교환과 권위로써 결정을 내리고 우유부단하게 마무리를 관리하지 않는 특성을 가지고 있다. 이러한 리더십이 저돌적이고 강한 리더십을 소유하고 있었음에도 불구하고 금융실명제를 실시하겠다고 발표했다가 실행시키지 못한 정책결정의 특성을 보인 것은 정책 환경의 영향에 따라 정책행위자간에 상

---

28) 중앙일보, 1995. 9. 30.

호 작용하는 가운데 이와 같은 전 대통령의 리더십이 영향을 미쳤기 때문이다.

제 4 장

노태우 정부의 금융실명제 정책결정

제1절 금융실명제 정책 환경

1. 정치상황

노태우 정권에서의 금융실명제에 영향을 미치는 상황으로서 금융실명제 정책 체제에 정치여건의 투입이 전두환 정권에서와 같이 뚜렷이 나타나지는 않았다. 전 정권에서는 사회 내의 세력들을 통치기제로서 억압함으로써 정부의 자율성이 높았지만 노 정권에서는 오히려 정치적 불안정이 상존해 있으면서 사회경제적 상황이 정치상황과 연계되어 정책 체제에 투입되었다고 할 수 있다.

6·29민주화선언[1]을 기점으로 민주화의 열기와 함께 사회 내의 집

---

1) 6·29 민주화 선언은 정치적 민주화의 요구가 1987년 6월 10일 시청 앞 광장에서 시작되어 야당과 재야인사 그리고 많은 시민들이 참여한 민주화운동을 시발점으로 이루어졌다. 이 민주화 선언은 노 대통령과 전 대통령의 합의로 강경노선을 지양하고 정국을 타협으로 풀어 나가려는 조치였다. 그 내용은 대통령 직선제를 위한 법개정, 언론자유와 구속자 석방, 반체제인사들에 대한 사면·복권 등 8개항으로 구성되었고 이는 시민들의 민주화 요구가 권위주의 군사정권을 붕괴시키는 계기가 되었다

단 간의 이익갈등이 첨예화되어 정부의 정책결정과정에 이들의 요구투입이 무한정으로 이루어진 시기라 할 수 있다. 집권 초기에 한국경제에 대한 낙관론이 지배하면서 경제발전으로 인한 형평과 복지문제에 더욱 힘써야 할 정부의 정책과제가 산재하였다. 이러한 요구는 대규모시위와 집단행동으로 표면화되면서 다시 정치문제로 변화하기 시작하였다.

　이러한 정치상황의 변화는 오랫동안 지속되었던 폐쇄된 정치체제를 개방으로 유도하였다. 따라서 지금까지 압도적 우위를 차지하던 경제발전과 안보중심의 통치이념은 자유민주주의적 기본권과 복지사회 건설이라는 통치이념에 의하여 도전을 받는 가운데 이념 간의 갈등이 두드러지게 나타나게 되었다.[2] 박정희 정권부터 권위주의적이고 비민주적인 정치체제와 관행으로 파행적으로 이어져 온 정치상황은 6·29선언을 시작으로 사회 내의 세력들이 민주화를 부르짖으며 제각기의 목소리를 높였다. 다시 말해서 박 정권부터 안보논리와 경제논리에 의해 무참히 짓밟힌 재야 지식인과 노동자들은 시대흐름에 편승하여 이익표출이 자유로워진 것이다.

　지금까지의 대부분의 노사분규는 정치적인 문제보다는 임금문제, 복지문제가 주 이슈였으나 80년대에 접어들어 근로자들의 상대적 박탈감으로 인한 저항의식은 정치적 민주화로 연결되어 더욱 거세게 지식인과 학생들이 동조하는 가운데 심화되었다. 따라서 노 대통령은 이전의 안보논리와 경제논리에 의한 정치운영보다는 국민정치의식과 시대흐름에 맞추기 위하여 민주화와 복지이념 등을 정치이념으로 내세우며 자신의 입지를 세웠다. 이러한 시대 흐름은 억눌렸던 저항세력들, 즉 재야 지식인세력, 학생, 노동자, 농민 등의 정치민주화 요구는 과거에 나타난 대통령의 통치방식으로는 감당하기 어려운

---

2) 정정길, 앞의 글, 1992. p.33.

상황에 이르렀다.

또 과거의 정부에 대한 비판이 극도로 통제된 체제에서 정치민주화와 함께 언론을 중심으로 정권과 정부정책에 대한 비판이 활성화되었다. 이런 분위기에 편승하여 정부정책결정 및 집행과정에 사회 각 집단들의 상호 모순되는 주장들이 자유롭게 투입되는 상황을 만들었다. 이러한 정치상황으로 노 대통령 자신의 성격으로 인한 결단성과 추진력이 미흡한 리더십은 하부구조에 권한위임을 많이 하였으며, 결과에 대해 하부에 책임을 전가하는 경우가 많았다.

그러나 정치구도상 강한 정부의 이미지의 표출과 강한 이미지의 리더십을 부각시키기 위해 주력했다. 다시 말해서 6·29선언을 정치적 계기로 삼은 노 대통령은 직선제 개헌을 통한 한국정치의 민주화를 구축하는 개척자의 이미지를 대내외에 부각시키려고 노력했다.[3] 국민들은 6·29선언을 노 대통령의 단독 결심으로 생각했고 매우 긍정적으로 받아들였으며 군부독재의 권위주의 종식의 시작으로 생각하였다. 이러한 정치적 상황을 잘 활용한 노 대통령은 권위주의적 전두환 정권과의 차별화를 정치적인 전략으로 이용하려고 했다.

이미 6·29선언을 계기로 다원화된 사회조직과 민주화의 흐름은 폭발적인 노사분규에 대해 기업이 요구하는 바대로 정부가 개입을 하기에는 과거와는 다른 상황이었다. 이미 6·29선언이후 전두환 정권도 노사분규에 적극적으로 개입하지 않았고, 노태우 민정당대표도 민주화시대를 맞아 노동자를 누적된 피해자 측으로 규정하고 노사분규는 경제와 기업의 파괴가 아니라 경제를 더 발전시키자는 것이라 생각한다고 발언하였다.[4]

---

3) 미국 타임지와의 회견에서 노 대통령은 6·29선언 결정을 내리기 전에 전두환 대통령과 상의한 일이 없다고 주장하면서 6·29선언이 마치 자신의 어려운 결단에서 비롯된 것으로 주장했다.(동아일보, 1992. 3. 19.)
4) 이장규, 앞의 책, pp.28-29.

　이에 정연용 부총리도 노사분규에 대해 이전과 같이 공권력을 사용하지 않겠다는 것과 노사 간의 자율적인 해결원칙을 표명하였다. 따라서 제5공화국에 억압되었던 노사분규와 노동조합의 조직화률이 노 정권에 들어와 급격히 증가하는 추세를 보였다.(표 4-1과 표 4-2) 그러나 경제상황은 6공화국 초기의 극렬한 노사분규에도 불구하고 여전히 물가는 안정을 보였고, 성장률과 국제수지흑자는 초과달성이 예상되었다.(표 4-3)

(표 4-1) 노사분규 증가추이

연 도	1984	1985	1986	1987	1988	1989
발생건수	113	265	276	3,749	1,873	1,618

자료: 한국경영자총협회, 「노동경제연감」, 1991.

(표 4-2) 노동조직의 변화 및 조직화 추이

연 도	단위노조수	노조가입원수(천명)	조직율(%)
1985	2,534	1,004	12.4
1986	2,658	1,036	12.3
1987	4,086	1,267	13.8
1988	6,142	1,707	17.8
1989	7,681	1,932	19.8
1990	7,698	1,886	18.4
1991	7,527	1,803	17.2
1992	7,527	1734	15.9

자료: 1) 노동부, 「노동통계연감」, 1994.
　　　2) 한국경영자총협회, 「노동경제연감」, 1991.

(표 4-3) 전 정권 말기와 노 정권 초기의 경제상황

연 도	경제성장율(%)	소비자물가 상승률(%)	경상수지(백만$)
1986	11.9	2.8	4,617.0
1987	12.3	3.0	9,853.9
1988	12.0	7.1	14,160.7
1989	6.9	5.7	5,054.6

자료: 한국은행, 「경제통계연보」, 1986-1989.

　이렇게 노태우 정권에서는 경제적인 호황이 정권 초중반까지 지속되어 실명제 실시에 별 어려움이 없었다. 다시 말해서 1980년대 중반 이후 계속되는 높은 경제성장과 국제수지 흑자는 실명제와 같은 새로운 제도가 도입되더라도 반대 주장의 우려와 같이 국내자본시장의 위축과 투자감소와 같은 현상은 발생하지 않을 것으로 보여 실명제와 관련 경제여건이 조성되었다.

　또한 토지공개념의 도입은 부동산 투기를 감소시켰고, 금융시장의 양적·질적 확대도 실명제 실시 분위기를 가세했다. 이러한 분위기는 실명제가 실시되더라도 국내 자금이 해외로 도피할 가능성과 실시로 인해 예상되는 부작용이 없을 것이라는 주장이 실명제 실시를 유력하게 하였다.

　노태우 정권은 권위주의정권이 아니고 보통사람의 시대를 만든다는 선거공약과 모든 것은 민주주의 법칙에 의거한다는 그의 강조는 다원주의적 정치·사회 분위기를 조성시켰다. 그러나 사회집단들의 욕구표출 활동이 활발히 진행되자 전두환 정권과 같이 정치화되지 않도록 원천봉쇄하기 위하여 경찰력으로 억압하였다. 재야나 학생들은 노태우 정권도 군사정권의 연속으로 생각하였기 때문에 전두환 정권보다 적개심은 상대적으로 적었지만 저항력은 여전하였다. 전두환 정권과 같이 군부가 정치에 직접 개입하지는 않았지만, 자기들과

공동이익을 추구하는 집권세력을 위한 민중부문에 대한 통제는 지속되었다.[5]

이는 노동계급을 포함한 민중부문의 요구가 정책결정에 투입되거나 그들의 이익을 실현시킬 수 있는 제도화가 실질적인 민주화로 연결될 수 있는데, 전두환 정권의 모든 체제를 비판하면서 외양적으로 권위주의를 배척하면 이것을 민주화로 인식한 것이 노태우 대통령의 오판이었다. 여기서 여론은 과거 군사정권이나 별로 차이를 느끼지 못하고 있다. 그것은 형식적인 민주화와 절차상 민주화, 정부정책과 집행과정에서 민주주의의 제도화가 이루어지지 않았기 때문이다.

경제제도의 개혁도 대통령 선거공약 중의 하나로서 시대적 여건에 따라 복지국가건설을 위한 정책을 추구하려고 하였다. 즉 여소야대의 국회구조로 인한 정부자율성의 감소, 5공 청산과 중간평가를 숙제로 안고 있는 노 대통령으로서는 복지문제에 힘을 기울이지 않을 수 없었다. 민주화를 바라는 사회적 분위기는 정경유착과 형평성이 없는 분배구조에 대한 불만이 높았고, 정부로서는 경제개혁의 차원과 정치적 차원에서 이를 받아들일 수밖에 없었다. 이러한 정치 상황은 금융실명제가 노 대통령의 선거공약이행과 함께 복지정책의 활성화와 경제민주화 구축을 위해 토지공개념과 금융실명 거래제 실시를 더욱 부추겼다.

2. 정권의 성격

노태우 정권은 군부정권의 연속선에서 출발하였다는 점이 정치상

---

5) 박기덕, "노태우 정부의 체제공고화와 개혁주의의 퇴조: 개혁이론의 정립을 위한 시도", 「한국정치학회보」, 제28집 1호, p.154.

황의 저변에 깔려 있지만 합법적인 선거절차에 의해 정권이 탄생되었기 때문에 정통성에 대한 시비는 어느 정도 해결된 셈이다. 권위주의 군사정권과 문민정권의 과도기적 정권으로서의 노 정권의 성격은 6·29선언을 시작으로 민주화의 확대추세가 표면화되면서 정권 내부에서는 이를 수용하면서도 노동통제는 공권력을 사용하는 전 정권의 통제방식과 다를 바 없었다.

그러나 노 정권의 정치상황은 군부정권의 연장이라는 인식이 남아 있었지만 상대적으로 권위주의적인 요소가 다소 약화되었고, 6·29를 기점으로 민주화가 급속히 진행되면서 전 정권의 정치상황과는 많은 차이가 있었다. 민주화의 확산은 전 정권에서 억압과 통제로 인한 사회상황과는 달리 여소야대와 노사대립과 같은 이익표출과 학생데모가 계속해서 이어졌다.

전두환 정권도 6·29선언을 중심으로 정권 말기 일련의 사태가 시민항쟁으로 확산되면서 정부로서는 이를 더 이상 통제하기에 용이하지 않았고 전두환 대통령도 강경한 자세에서 일보 후퇴하여 정국은 대타협의 국면으로 접어들었다. 이로 인해 5공화국까지 존속되었던 권위주의적 정치행정체제는 민주화의 물결로 인해 희석되었고, 또한 사회구조도 다원화되면서 이익표출의 통로가 넓어졌다.

민주화로 정착되어 가는 노태우 과도기 정권에서는 정치적 불안은 계속 상존해 있었다. 즉 직접 선거를 통해 정권이 정당성을 확보하고 있었지만 전두환 군사정권의 연속으로 이어진 노태우 정권의 성격은 항상 정치적 안정을 위한 돌파구를 마련하기 급급했다.

정권의 성격에 따라 정책행위자인 정치체제의 핵심세력이 구성되고 특징이 정해지는데, 노태우 정권은 정부엘리트의 구성이 전두환 정권의 충원과 별 차이가 없었다. 다시 말해서 전 정권의 정치핵심 인물과 노 정권을 성립시킨 인물들이 크게 변화하지 않았고, 측근이 일부 교체되는 경우 외에는 전 정권의 참모들이 많이 승진, 임용되어 노 정권의 정치세력을 이루었다. 따라서 전 정권에 비해 정도는 약화되었지만 정치보수세력들이 그대로 노 정권으로 이어지면서 정권유지와 재집권을 위한 양상은 그대로 존재해 있는 정권의 성격을 가지고 있다.

전두환 정권의 인적구성은 개혁세력보다는 군 출신의 정치보수세력이 많은 부문에서 정치적 영향력을 행사했지만 노 정권에서는 여당 정치인을 포함한 전 정권에서 이어진 정치적 보수세력과 경제민주화 추진과 신정권으로서의 정책창출을 위한 경제인이 정치권에 흡수되어 개혁세력을 구성하였다. 노 대통령의 신임이 두터운 개혁세력의 하나인 문희갑 경제수석과 조 순 부총리도 경제개혁과 실명제를 추진하려는 개혁인물이었고, 뒤이어 이승윤 부총리와 김종인 경제수석은 개혁보다는 성장중심의 경제정책을 중시하는 실명제 반대론자였다.

3. 정권의 이해관계

노 정권과 재벌 간의 관계는 정경유착으로 인한 정권의 자율성이 약화되면서 경제악화라는 이유를 들어 금융실명제 시행연기를 주장하는 재벌들의 영향력도 만만치 않았다. 금융실명제 실시가 선거공약실천이라는 노 대통령의 개인적 이해관계도 있었지만 전 정권과 마찬가지로 노 정권도 정치자금 확보라는 정권의 이해관계는 그대로 이어졌다. 그러나 전 정권에서 나타난 정치자금으로 인한 이해관계로 정책결정에 직접적인 영향을 주지는 않았지만 노태우 대통령은 이 점에 있어서 신중을 기했다.

전 정권에서 당시 노태우 내무장관은 다른 보수세력의 정책행위자

와 함께 정치자금과 관련한 이해관계를 이유로 실명제 실시를 반대
하였고, 1990년 민자당 발족 이후 금융실명제 실시를 거론하지 말자
고 했으며,6) 김 정권에서 밝혀진 노 대통령의 비자금 조성 사실이
노 정권의 이해관계와 무관하지 않다.

 따라서 선거공약을 이행해야 한다는 집념으로 시작한 금융실명제
실시논의가 선거공약을 이행하기 위한 사공일 재무장관의 '88년 새
해 업무보고에서 금융실명제 실시를 주장했지만 선거공약의 이행과
부동산 투기억제와 정치자금, 개인재산 축적의 이해관계가 상충하면
서 결국 노 대통령은 실명제 실시에 대해 신중을 기했다. 그러나 경
제민주화를 위해 실명제를 주장하는 문희갑 경제기획원차관의 주장
을 받아들여 1991년 1월 1일 금융실명거래제의 전면 실시내용이 포
함된 "10·14경제의 안정성장과 선진화합 경제추진대책"을 발표하면
서 또다시 실시로 굳혀졌다.7)

 조 순 경제팀은 개혁적 경제정책의 일환으로 금융실명제 실시를
주장하며 적극적인 자세를 보였지만 경제침체에 대한 책임을 물어
'90년에 있은 3·17개각으로 조 순 경제팀을 전면 경질시켰고, 신임
이승윤 부총리는 경제개혁을 지양하고 성장을 추구하기 위한 첫 번
째 조치로서 취임 직후부터 실명제 실시의 전면 재검토를 들고 나왔
다. 금융실명제는 개혁의 성격을 지닌 정책이므로 경제성장을 목표
로 추진하는 경제정책의 논리로는 실명제 실시는 불가한 것이었다.
마침내 이승윤 부총리는 '90년 4월 4일 경제종합대책을 발표하면서
금융실명제 유보를 공식선언하기에 이르렀다.

 노 정권의 이해관계는 두 가지로 볼 수 있다. 첫 번째는 전 정권이
실시하지 못했던 실명제를 실시함으로써 얻을 수 있는 전 정권과의
차별성 추구, 선거공약의 이행, 과거 정권에서 정부의 정당성을 더욱

———————————————

 6) 한국일보, 1995. 11. 7.
 7) 조선일보. 1988. 10. 15.

악화시킨 정경유착의 단절과 경제민주화를 추구하려는 정권의 이해
관계와 전 정권의 정치자금이 실명제 실시에 저해요인으로 작용한
정도와는 많은 차이가 있지만 노 정권에서도 정치자금을 확보하려는
정치보수세력과 노 대통령 개인의 비자금 축적을 위한 이해관계가
실명제 정책결정에서 정책 환경인 정권의 이해관계로 작용하였다.

제2절 정책행위자의 특성

1. 노태우 대통령

　정책행위자로서의 대통령은 개인이 갖고 있는 성향으로서 정책에
영향을 미치는 요인은 리더십이다. 노태우 대통령은 역대 대통령과
는 상당히 다른 이미지를 갖고 있기 때문에 그에 대한 평가에 따라
많은 형태로 리더십이 표현되었다.[8] 또한 한국의 역대 대통령의 리
더십과 비교해 볼 때, 권위적이거나 카리스마적인 대통령의 이미지
와는 특유한 리더십 유형을 나타내고 있다.
　그는 결단을 내려야 할 때는 기다림의 태도를 보였고 국민에게 친

---

8) 학자들의 의견을 나열해 보면, 수동적이면서도 성격은 긍정적인 온건형
　(김호진, 앞의 책, 1991, p.284.), 따라서 도전적이지 못하고 문제해결을
　기다리는 형(안병영, "노 대통령 지도력의 세 가지 특징", 신동아 '91년
　4월호, pp.152-163.), 신중하게 몸을 사리는 지도자(한승조, 앞의 책,
　1992, p.110.), 과격한 면이 없기 때문에 세련되었지만 우유부단한 대통
　령(안병만, "역대지도자 통치스타일", 한국일보사, 1992년 6월 12일), 우
　유부단하므로 항상 적절한 시기를 놓치는 상황 적응형(김용서, "노태우,
　전두환, 박정희", 「한국논단」, '92년 2월호, p.77.)으로 묘사하고 있다.

화력을 보여주어야 할 때는 뒤로 물러서는 리더십을 나타냈다.[9] 이러한 특징으로 묘사되는 노 대통령의 리더십은 권위적인 역대 정권의 리더십과 반대되는 민주형의 리더십이라고 논할 수 없다.

정치적 과도기나 변혁기에는 안정시보다 대통령의 지도력이 더 필요하다. 그러나 그는 변화의 흐름을 단지 이전 정권에 대한 반작용으로 의식했고, 그 반작용을 직접 관리하지 못했으며 힘의 균형을 유지할 수 있는 지도력이 부족했다.[10] 이러한 노 대통령의 리더십은 정치·사회현상에 대한 자신의 신념과 의지가 없었기 때문에 상황에 따라 적응해 나가는 정도의 정치리더십을 보일 수밖에 없었다. 이러한 노 대통령의 리더십 때문에 실명제 결정이 자주 번복현상이 있었다.

노 대통령의 우유부단한 성격은 상황에 적응하며 안정체제에 편승하려는 리더십을 보였다. 또한 전 대통령과 비교해 볼 때 강한 추진력과 저돌적인 성격을 소유하지 않았기 때문에 상대적으로 그는 강하지 않은 리더십을 보임으로써 실명제정책결정과정에서도 의견수렴을 잘한 것으로도 볼 수가 있다. 그러나 반대주장에 대해 자신의 의지로 상황을 변화시키거나 극복하려는 것보다 결심에 있어서 우유부단한 태도를 보였고, 일관성 있는 정책기준의 부재로 상대방의 의견을 수렴하지 않을 수 없었다. 금융실명제 정책결정과정에서도 상황에 적응하고 편승하려는 리더십을 보였다. 즉 경실련을 중심으로 한 사회여론이 실명제 실시를 정당화시켰고, 이에 따라 노 대통령은 정권출범 직후부터 선거공약인 실명제 추진을 통해 체제적 정당성을 강화하려는 강한 리더십을 보였다. 그러나 추진력과 결단성이 부족한 노 대통령의 리더십 때문에 실명제 실시에 대한 참모들의 찬반

---

9) 진덕규, "민주적 리더십인가, 방임형 리더십인가", 「신동아」, 1993년 2월호, p.407.
10) 함수진, "노태우 지도력비판", 「월간조선」, 1991년 3월호, p.240. 이진의 전 문공부장관과 월간조선부 기자 함수진과의 인터뷰 내용임.

주장에 의해 결심을 자주 번복하는 결과를 가져왔다.

정권찬탈과정에서도 전 대통령처럼 전면에 나서지 못한 노 대통령은 전 대통령의 결심인 1987년 6·29 민주화 선언도 자신의 결단으로 이루어지지 않았지만 대통령선거에 승리하면서 자신의 권력은 선거를 통한 국민의 지지에 기초한 것으로 인식하고 국민여론에 따른 개인의 인기관리에 치중했다.[11] 자신의 이미지 부각을 위해 '보통사람'의 표방은 초기에는 매력적인 것이었지만 대통령 스스로 민주화 시대의 지도력 비중을 '보통' 정도로 평가절하 시켰고, 국민이 대통령의 지도력과 공권력을 가볍게 보는 심각한 위기국면에 직면하기도 했다.[12] 반면에 노 대통령은 선거공약을 지키려는 흔적이 많이 보인다. 이것은 자신의 의지이기도 하지만 국민에 대한 인기에 치중한 노력이라고 볼 수 있다.

하지만 선거공약이행에 대한 지나친 집착은 행정집행에 많은 어려움을 파생시키기도 하였다. 경제부처에 오른 사업내용이 공약사업이라고 주장하면서 예산집행을 강요하는 부처 이기주의현상을 빚어낸 예가 많다고 한다. 이러한 노 대통령의 국정운영 스타일은 국책의 우선순위가 없이 집행하는 식으로 많은 혼선을 자아냈다. 따라서 그에게 있어서는 공약을 실천한 정도에 따라 자신의 능력과 치적으로 평가받는 것으로 인식했으며, 공약실천율이 대통령의 업적을 가장 집약적으로 계량화한 것이라 생각했다.[13]

국정운영의 최고 책임자이자 대통령으로서의 역할과 확고한 철학이 없는 노 대통령의 권력관은 임기 초와는 달리 국정운영의 한계와 국민에 대한 인기도가 떨어지면서 전 대통령과 정도의 차이는 있지만 한편으로는 공권력에 의지하여 문제를 풀어가는 권위주의적 통치

---

11) 이강로, 앞의 글, 한국정치학회 하계학술대회 논문집, 1992, pp.505-506.
12) 함수진, 앞의 글, p.234.
13) 이장규, 앞의 책, 1995, pp.106-108.

행위를 보이기도 했다. 또한 노 대통령은 주로 업무를 참모들에게 많이 위임하고 많은 사람의 의견을 청취하고 합의에 의한 결정을 하지만 주요한 정책을 결정할 때는 극소수의 측근들에 의존하는 참모 충원의 폐쇄성과 정책결정에 있어서 밀실을 특징으로 하고, 정책집행에 있어서 수하가 악역을 대신하기를 원했다.[14] 이러한 특성으로 '88년 3월 15일 새해업무 보고 시 사공일 재무장관의 실명제 추진보고에서도 사공 장관에게 일임하고 실명제 실시에 대한 책임을 전가시키기도 하였다.

노 대통령의 리더십의 한계로 민주주의의 길목역할을 한 노태우 정권이 6·29 선언을 통해 국민들의 민주화 요구를 수용하게 되었는데, 형태상의 민주화 과정을 거쳤다고 긍정적으로 볼 수도 있다. 그러나 노 대통령은 당시의 정치적 혼란상황에 대한 자신감이 없었다. 또 퇴임 후의 자신의 거취문제를 지나치게 의식함으로써 주변의 정치적 환경에 대해 결단성을 발휘할 수 있는 리더십이 부족했고, 항상 방어적인 자세로 대처하는 소극적이고 상황에 적용하려는 리더십을 나타냄으로써 대통령으로서의 능력의 한계를 노정시켰다. 어느 정권보다도 노태우 정권에서는 민주화의 욕구가 가열되었고 마치 민주화가 완성되는 사회분위기였다.

권위주의적 사회체제라면 강압적인 통치방식에 기초하여 국정을 운영할 수도 있었지만 다양한 이익과 서로 다른 주장이 상충되는 민주주의 사회에서 이를 합리적으로 조정하고 통합하기 위해서는 통치 스타일에 있어서 차이는 있겠지만 오히려 권위주의적인 사회보다 더 강력한 리더십이 요청될 수도 있다.[15] 권위주의적인 사회에서는 국

---

14) 조갑제, 노 대통령은 과연 약한가, 노태우의 권부, p.123. 곽병찬, 노심 읽는 다섯 가지: 안병영, 노 대통령의 지도력 세 가지 특징, 손주환, 대통령 뜻 따른 것일 뿐, 시사저널, 134호, 1992. 5. 21, pp.20-23.
15) 진덕규, 앞의 글, p.409.

민이 권위주의적 통치를 수용할 수 있는 정서를 가지고 있다.

반면에 민주주의 사회나 권위주의적 정권에서 민주주의 정권으로 전환되는 과도기에는 강력한 지도력이 더욱 요청된다. 이러한 전환기에 통치철학의 부재와 결단력이 부족한 노 대통령의 리더십으로는 자신과 개혁성향의 경제참모들이 실명제가 정치·경제적으로 필요한 것으로 인식하면서도 끝까지 추진할 수 없었다.

노 대통령의 리더십을 분석하기 위한 유용한 개념은 대세에 따라 어떻게 적응하면서 통치를 했는가를 보는 것이다. 정윤재는 미국의 사회학자 시드니 후크(Sidney Hook)의 리더십행위에 대한 개념적 유형화를 통하여 노 대통령의 리더십에 대한 유형화 작업을 시도하였다.[16] 그는 후크가 분류한 대세편승형과 대세주도형을 통하여 역사전개와 지도자의 관계를 영웅사관이나 사회진화론과 같은 극단논리로 파악하지 않고 후크교수의 개념적 유형구분을 적용하는 것이 보다 더 과학적이고 설득력이 있다고 생각했다.[17] 또한 이를 분석하는 접근방법은 대통령 개인의 성격에 치우치지 않고 설득력이 있는 사건중심으로 전개하였는데, 제6공화국 노태우 정권의 주요 사건인 6·29선언, 중간평가, 3당 합당을 중심으로 전개하였다. 이러한 분석은 주요 현안을 중심으로 논의하여 대통령이 어떤 리더십을 보였는가를 살펴볼 수 있기 때문이다.

노 대통령의 리더십을 좀 더 자세히 논의하기 위해 대세에 따라 대통령의 통치스타일을 분류해 볼 때 대세에 편승하는 유형과 대세를 주도하는 유형으로 나누어 설명한다. 대세편승형은 드라마틱한 행동을 하더라도 선행사건과 상황의 범위에서 제한적으로 활동하게 되며, 해야 할 역할을 능력부족과 실수로 놓치거나 방치 또는 다른 사람에게 미루기 때문에 그에 대한 평가는 그 자신의 판단이나 결정

---

16) 정윤재, 앞의 글, 한국정치학회 하계학술대회 논문집, 1992.
17) 위의 글, pp.465-468

으로부터가 아니라 그가 한 행위가 결과적으로 잘못되었느냐가 판단 기준이 된다.[18]

그리고 대세편승형은 여론과 지지계층의 영향에 편승하여 정책방 향이 결정되고 집행하는 속성이 있으므로 지지계층의 이익에 크게 반하지 않는다면 체제전복과 같은 극단적인 정치상황은 발생하지 않 으나 이익갈등이 첨예화될 경우에는 정책표류가 나타나기 쉽다. 반 면에 대세주도형은 지도자가 권력의 위치까지 올라가는 과정에서 역 사적 상황과 사건을 자신의 의지로 만들어 가는 리더십이다. 따라서 대세편승형 대통령에서 나타난 특징과는 달리 사회계급들의 영향을 적게 받는다. 대세주도형의 대통령은 스스로 간직한 어떤 강한 특질 로 대안적 행동노선을 스스로 선택하고 실천한다.[19]

노 대통령은 대세를 주도하는 스타일보다는 결단력의 부족 등으로 정치적 상황에 맞추어 가는 대세편승형으로 규정짓는 것이 옳은 판 단일 것이다. 4·13호헌과 6·29선언이 전개되는 과정에서 노 대통령 의 독자적인 의지의 표출은 아니며 전 대통령과 그의 측근들에 의해 이미 준비되었던 계획대로 정세에 잘 편승한 것이다.[20] 특히 6·29 선언은 전 대통령의 결단을 발표한 대리자의 역할을 했으면서도 자 신의 결심으로 이루어진 것이라고 주장하였다. 그는 전 대통령이 집 권연장의 욕심이 없다는 것을 알았고, 정치적 상황으로 보아 더 이 상 전 대통령의 독재로는 국민들의 힘을 통제할 수 없었다는 것을 알고 있었기 때문에 전 대통령의 시나리오에 주인공의 역할을 했던 것이다.

따라서 노 대통령은 전 대통령의 결심인 6·29선언을 자신의 단독

---

18) Barbara Kellerman, ed., <u>Politica Leadership: A Source Book</u>, (Pittsburgh: University of Pittsburgh Press, 1985), pp.4-27.
19) 정윤재, 앞의 글, p.467.
20) 위의 글, p.471.

작품으로 가시화하고 대통령후보로서의 자질을 국민에게 주입시키며 강한 이미지부각에 열을 올리면서 대세의 흐름에 편승하여 대통령후보가 되었다. 강한 독재와 행동 지향적인 이미지를 소유한 전두환 정권과의 연속선상에서 상대적으로 지도자적 이미지가 부족하다는 것을 인식한 노 대통령은 강력한 지도자적 이미지 부각에 애를 썼다.[21]

그러나 노 대통령은 상대적으로 다른 사람의 의견을 경청하는 이른바 여론 수렴형으로 지시와 명령에 치중하는 하향식 접근보다는 하부로부터 건의와 요구를 잘 수용하는 상향적인 접근방식의 정치스타일을 가지고 있다.[22] 이러한 정치스타일이 임기 동안 너무 지나치게 표출되어 국정운영의 흐름에 잘 나타났고 금융실명제 결정에서도 노 대통령은 소극적이고 수동적인 리더십으로 대처했다.[23]

이러한 리더십을 소유한 그의 국정운영 스타일은 국책의 우선순위가 없이 집행하는 식의 많은 혼선을 자아냈다. 따라서 그에게는 공약의 이행을 자신의 능력과 치적으로 인식했으며, 공약실천율이 대통령의 업적을 가장 집약적으로 계량화한 것이라 생각했다.[24] 그러나 노 대통령의 권력관은 임기 초와는 달리 정부의 정당성마저 한계를 보였고, 국민의 인기도가 떨어지면서 전 대통령과는 정도의 차이는 있지만 정권후반기로 갈수록 공권력에 의지하여 문제를 풀어 가는 권위주의적 형태를 갖기도 하였다.

---

21) 노 대통령은 후보시절 미국과 일본을 방문하여 레이건과 나까소네와의 환담에서 다리를 꼬고 마주앉아 자신의 6·29선언을 설명하는 등 자신이 허약한 지도자적 이미지를 바꾸려고 노력하였다.(정윤재, 위의 글, p.469.)
22) 김호진, 앞의 책, 1990, p.280
23) 장점의 측면에서 보면 긍정적이고 온건형(김호진, 앞의 책, 1991, p.280.)으로 평가되지만 단점의 측면에서는 신중하여 몸사리는 지도자(한승조, 「리더십이론과 한국정치」, (서울 : 민족지성사, 1988, p.110.), 또는 우유부단하고(안병만, 앞의 글, 1992, p.120.), 항상 시기를 놓치는 상황 적응형(김용서, 앞의 글, p.77.)의 모습으로 보인다.
24) 이장규, 앞의 책, 1995, pp.106-108.

그는 저항세력이란 시간이 흐르면 스스로 힘에 지쳐 혼돈의 상황은 질서로 회귀한다는 인식을 갖고 있었다. 그러나 대통령이란 직책은 국민의 욕구를 충족시키고 정치체제의 중심으로서의 기능을 다하지 못할 때에는 능력에 대한 한계로, 또 정권의 위기로 전이됨을 무시한 것 같다.

임기 중에 국가의 정책을 추진함에 있어서의 우선순위는 선거공약을 중심으로 이루어졌는데, 대통령으로서 선거공약이행을 신념으로 인식하였고 자신의 강점이자 자랑으로 생각하였다. 그는 자기의 이념이나 철학이 들어있는 정치방안을 내세운 것이 많지 않은 것으로 알려져 있고, 그의 의견을 쉽게 바꾸는 일이 많았다.[25] 또한 노 대통령은 자신이 없는 사안이나 일에 대해서는 없던 문제를 일부러 만들어 확대시키는 것을 좋아하지 않았고 집권 5년 동안 정해진 일정과 시나리오의 틀을 거의 벗어나는 일이 없었다고 한다.[26]

전체적으로 노 대통령의 리더십에 의한 국정관리는 오판과 리더십의 한계라고 말할 수 있다. 국민과 친밀한 대통령으로서의 신선함과 국민적 지지를 얻는 대통령의 역할을 구분하지 못했으며, 대통령으로서의 신선함은 이미지에서 보다 성공적인 역할수행에서 온다는 사실을 깊이 인식하지 못했고, 과도기적 민주사회에서는 오히려 대통령의 결단과 의지가 더욱 요구됨을 깨닫지 못했다.[27]

---

25) 김대곤, "노 대통령 통치력에 이상 없는가", 「신동아」, 1988년 8월호, p.197.
26) 그 예로 비서실에서 각 행사에 맞게 준비되는 '말씀자료' 외에 즉흥적이거나 여유 있게 덧붙이는 다른 말을 하지 않았다. 전두환의 수석비서관이 아닌 비서관급의 개인 신상에 까지 격려하고 챙겨주는 스타일과는 달랐다. '92년 여름 청와대 파견근무를 마치고 비서관급 이상 7명이 소속 부처로 원대 복귀하는 송별인사를 받는 자리에서 역시 준비 된 시나리오대로만 읽고 격려했기 때문에 나머지 비서관들이 서운해했다는 후문이 있었다.(조성관, 「대통령과 기자들」, (서울: 나남, 나남신서 331, 1994, pp.76-77.)
27) 진덕규, 앞의 글, p.411.

결론적으로 노 대통령은 당시의 과도기적 상황과 여론을 지나치게 의식한 나머지 대통령으로서의 결단력을 발휘하지 못하고 항상 방어적인 자세로 현상유지에 안주하는 리더십을 보였다.[28] 게다가 정치적 철학과 소신이 없었기 때문에 결과에 따라 말을 번복하는 예가 많았다.[29] 이러한 태도는 금융실명제 결정과정에서 나타났는데, 주의의 참모들의 정책조언이 있을 때마다 자신의 결정을 번복시켰다.

2. 수석비서관과 장관

하부에 위임을 가장 많이 한 대통령으로서는 노 대통령을 꼽을 수 있다. 전 대통령의 경우도 위임을 많이 하는 편이었으나 그는 위임하면서도 점검과 독려도 함께 했다는 점에서 두 사람의 차이가 있다. 전문지식이 부족한 노 대통령은 경제정책을 하부에 위임했기 때문에 경제정책관리의 핵심은 경제수석과 경제기획원 장관인 부총리가 역할을 했다.

경제 분야에 대한 전문지식의 부족과 치적을 중시하는 노 대통령의 성향으로 경제정책 운영의 중심인물로서 학자출신인 조 순 부총리와 소신과 배짱으로 알려져 있는 문희갑 경제수석은 노 대통령의 신임을 얻었다. 특히 문 수석은 노태우 대통령의 각별한 개인적 신임을 바탕으로 경제정책에 관한 결정권을 많이 행사한 비서관으로 알려져 있다.

---

28) 정용대, 앞의 글, 1992, p.458.
29) 4·26총선에서 국정의 원활한 운영을 위하여 의회에 안정세력 확보가 필요하다고 강조하다가 총선 뒤에는 총선결과가 오히려 잘 됐다며 민주주의 발전을 위한 전기가 될 수 있다고 말한 예와 6·10남북학생회담을 저지한 뒤 한 달 만에 학생들의 의견을 수용하였다.(김대곤, 앞의 글, pp.197-198.)

이같이 위임관리는 경제정책뿐만 아니라 중요한 사안에 대해서는 강력한 대통령의 권한이 뒷받침되어야 각 부처 장관과 수석들이 역할을 제대로 수행할 수 있는데 위임과 방관은 정책의 표류를 불러왔다.

노태우 정권도 마찬가지로 민주화된 체제에서 다양한 집단의 요구들이 지역구출신 국회의원과 여당 간부들을 통로로 하여 경제정책에 개입하면서 부총리와 경제수석의 힘으로는 이를 막아내기 힘들었다.[30] 형평과 복지, 그리고 정치 민주화를 강조하는 노 대통령이 비경제적 논리를 쉽게 수용함으로써 정치권에 대한 행정부의 바람막이가 되지 못했으리라는 짐작을 쉽게 할 수 있을 것이다.[31] 전두환 정권에서 수석비서관의 막강한 힘은 대통령의 무게 실어주기가 전제되었기 때문에 가능했지만 노 대통령의 하부로의 위임관리는 방관으로 흐르면서 수석의 힘을 오히려 약화시키기도 하였다.

경제문제에 있어서는 부총리나 경제수석비서관에게 맡기되 자신의 기본방향과 정책결정과정에서 파생되는 부처 간의 갈등은 최소한 대통령으로서 교통정리 내지는 최소한의 관심은 보여야 하는데, 노 대통령을 보좌하는 주위 사람들의 공통된 의견은 그가 워낙 경제를 몰랐으며 알려고도 하지 않았다는 것이다.[32] 따라서 그는 경제정책에 대한 문제는 직접적인 지시를 하는 일이 거의 없었고, 보고를 받고도 자신의 정책소신을 갖고 지시는 하지 않고 보고로 끝나는 일이 많았다. 그리고 부처 간에 잘 협조해서 처리하라는 원칙론만 되풀이함으로써 그의 경제관은 처음과 끝이 없었다고 볼 수 있다.[33]

이렇게 경제에 대해 무지와 무관심을 보였고 자신의 선거공약인 금융실명제와 같은 정책도 번복을 되풀이함으로써 경제수석비서관이

---

30) 정정길, "역대대통령의 경제정책: 노태우", 「신동아」, 1992년 11월호, p.405.
31) 위의 글, p.406.
32) 이장규, 앞의 책, 1995, pp.46-47.
33) 위의 책, p.47.

일관성 있게 정책을 추진하는 데 걸림돌 역할을 하였다. 경제문제에 있어서 막강한 경제수석의 힘도 종합조정을 원활히 하지 못하는 경우가 많았다. 문희갑 경제수석비서관의 예는 그의 정면대결의 성격 탓도 있겠지만 부처의 경제관료들과의 잦은 대립으로 "문 핏대"라는 별명을 얻기까지 하였다.

노 대통령의 강력한 리더십의 미흡과 하부에 위임을 많이 하는 관리스타일로 부처 간 정책갈등이 심화되었다. 대통령의 추진력과 부처에 대한 수석들의 영향력이 강하면 강할수록 정책표류의 확률은 줄어들 수 있다. 또한 수석들이 대통령에게 정책결정과정에서 정책의 방향을 미리 설정하여 대통령의 정책의지를 강화시키거나 약화시킬 수 있다. 수석비서관을 청와대비서실에 보임하는 것은 수석들의 전문성을 통해 정책의 효과성을 증대시키는 데 있다.

대통령에 따라 수석들의 의지가 무시되는 경우도 있는데 대통령의 의지가 너무 강할 때에 이러한 현상이 두드러지게 나타난다. 이와 반대로 대통령이 우유부단하거나 위임을 많이 하게 되면 수석들의 역할범위와 영향력이 증대됨으로써 대통령의 정책의지는 더욱 약화된다. 금융실명제 실시도 노 대통령은 우유부단한 태도를 보였다. 한마디로 노 정권의 금융실명제 실시는 수석비서관들의 의지가 대통령보다 강했음에도 불구하고 시행하지 못한 이유는 전적으로 미약한 정책의지와 경제성장보다는 경제안정을 추구해야 한다는 반대[34]논리가 제기되자 쉽게 결정을 번복하는 노 대통령 개인이 갖는 리더십의 특성에 기인한 것이다.

정책결정과 집행의 핵심참모로서 정책 체제에서 행위하는 또 하나의 중요한 행위자는 장관이다. 장관이 정책결정과정에서 어느 정도

---

34) '90년 3·17개각으로 조순 부총리와 이규성 재무장관이 경질되고 금융실명제 반대론자인 김종인 보사부장관이 경제수석으로 임명되어 이승윤 경제팀과 함께 실명제 시행을 연기를 주장했다.

의 영향력을 행사하고 대통령의 정책의지를 변화시킬 수 있었느냐가 관심이다. 경제장관회의나 차관회의에 경제수석이 배석하여 대통령을 대신해서 답변하고 설명하는 것이 과거의 관례였지만 노태우 정권에서 경제장관회의나 차관회의는 비서실의 직접적인 영향을 받지 않고 회의가 진행되었다는 것은 장관과 차관회의 이전이나 배후에서 비서실의 역할이 작용했다고 볼 수 있다.[35] 이는 정책결정에 있어서 장관들의 영향력이 그만큼 작다는 것을 의미하는 것이다.

노 대통령의 방임적 리더십은 5공에 비해 경제비서실의 힘을 약화시키면서 국무회의와 경제장관 및 차관회의의 시간이 과거보다 훨씬 길어지고 실질적인 결정을 많이 한 것만은 사실이다. 그러나 이러한 현상은 정책결정에서 장관들의 영향력이 커졌다고 해석하는 것보다는 리더십의 결여로 경제부처 간 위계질서의 붕괴와 부처할거주의 현상이라고 보아야 할 것이다. 이것은 대통령으로부터의 지시나 통제가 명확하지 않았기 때문에 상대적으로 각 부·처장, 차관들이 원안 작성과정에서 영향력을 행사했다는 것과 같은 의미로 해석될 수 있다.

그러나 전두환 정부와 김영삼 정부를 비교해 볼 때, 다원화되고 개방된 정책관리체제에서 대통령으로부터의 많은 위임은 장관을 비롯하여 국장과 실무담당관들의 재량권과 결정권이 다소 높아졌음은 부인할 수 없다. 그 결과 5공 때와 비교하면 실질적 경제정책관리자의 사전조정에 의해 경제장관회의에서 원안이 무수정 통과되는 경우가 상대적으로 많이 낮아졌고 회의시간도 길어지는 현상이 나타났다. 사전조정이 잘 이루어지지 않은 상태에서 경제장관회의는 격렬한 토론과 양보 없는 대립현상을 많이 보였다. 그 예로 6공의 첫 경제회의를 주재한 나웅배 부총리는 과거 정권에서 없었던 경제장관회

---

35) 정정길, 앞의 책, 1994, pp.224-225.

의를 결정이 아니라 토론을 위한 장소라고 생각하면서 회의를 주재하겠다고 했다.[36]

노태우 정권에서 수석들의 영향력은 다른 정권과 크게 다르지 않으나 하부로의 위임이 두드러진 노 대통령의 정책관리는 과거 정권에서의 대통령과 수석들의 일사분란한 정책추진을 찾아보기 어렵고 장관을 비롯하여 행정 부처의 높은 목소리가 국무회의나 경제장관회의 시 정책조정을 어렵게 했다. 따라서 노태우 정권에서는 전두환 정권과 김영삼 정권에 비해 정책결정과정에서 부총리나 장관의 주장이 많이 표출되었다고 할 수 있다. 이러한 정부 내의 분위기는 금융실명제 결정과정에서도 나타났다.

전두환 정권에서는 주로 수석들이 대통령에게 반대조언을 통하여 대통령의 정책의지를 바꾸었지만 노 대통령의 금융실명제에서는 경제관련 관료들이 거의 모두 제 목소리를 냈다. 이승윤 경제팀이 등장하고 정영의 재무장관의 주장이 강해지면서 실명제가 재검토로 급선회한 사실이 있다. 이같이 어느 정권에서보다도 부총리를 중심으로 경제장관 이하 많은 관료들이 실명제 실시를 놓고 많은 주장을 펴게 된 것은 노태우 정부의 특징이라고 할 수 있다.

3. 여 당

노태우 정권에서 여당의 입장은 여소야대의 정치구도하에서 노 대통령의 선거공약의 이행을 지원하는 태도를 견지하면서도 야당의 정치적인 입지를 고려해야 하는 문제에 대해서는 간접적으로 반대의사를 표명하였다. 이의가 있는 사안에 대해서는 직접적인 반대의사표

---

36) 위의 책, 1994, p.236.

시의 방식을 취하지 않고 야당의 입장을 신중히 고려하면서 고위 당
정회의를 통해 야당의 실제 입장을 나타냈다.

노 정권에서 야당이 정부의 정책에 대해 상대적으로 많은 의사표
시를 한 예는 금융실명제 정책시행과 관련된 사안이라고 할 수 있
다. 금융실명 거래제는 경제정의실현을 위한 여당의 선거공약으로
제시되었는바, 금융실명제의 단계적 실시, 금융실명거래에 관한 법률
개정 등 구체적인 시행내용을 제시하였다. 1991년부터 전면 실시하
고 투자수단으로 이용된 개인사채나 부동산 등에 대한 과세를 강화
하고, 실명제실시에 따라 예상되는 금융기관저축이 사채, 부동산으로
의 유입을 막기로 했다.[37]

이렇게 선거전을 위한 여당의 금융실명제에 대한 적극적인 태도와
는 달리 선거 후 여당은 실제 행동에 있어서는 실명제 실시에 대한
회의를 갖고 있었다. 정치자금과 관련된 민감한 금융실명거래제의
실시는 야당의 입장에서도 정치자금이라는 현실적인 문제 때문에 재
계의 입장을 고려하여 공식적으로는 찬성하고 지원하는 입장을 표명
하면서도 간접적으로는 반대여론을 조성하는 방식으로 금융실명제
실시를 반대하였다. 다시 말해서 금융실명제 실시를 반대하는 의견
을 "실시해서는 안 된다"고 정면적인 반대를 표시하지 않고 단지 시
기선택과 내용의 검토를 주장하였다. 금융실명제를 선거에서의 최대
쟁점으로 내세운 여당의 입장은 상당히 후퇴하는 자세를 취하였다.
1989년 7월 18일 이종찬 민정당 총무가 정기국회에서 금융실명제
실시를 위해서는 법적 보완장치의 필요성을 역설하고, 9월 4일 정부
와의 '하반기 경제운용방안'에 관한 당정정책조정회의를 가진 후 금
융실명제 실시는 '91년 상반기 중에 공청회 등을 통해 각계의 의견
을 수렴을 거친 후 입법조치를 끝내겠다고 밝히는[38] 정도의 수준으

---

37) 매일경제신문, 1988. 1. 29.
38) 조선일보, 1989. 9. 5.

로 집권당의 입장을 표명하였다. 그러면서도 내면적인 태도는 반대 의사와 함께 노태우 대통령과 개인적으로 가까운 김종인 보사부장관을 통해 노 대통령을 설득하면서 집권당으로서 실명제 결정과정에 참여하였다. 여당은 수석과 장관보다 낮은 수준에서 그들의 이익과 관련하여 찬성 또는 반대의사를 정치적 당략 차원에서 정부의 주요 정책결정과정에 참여하였다.

제3절 금융실명제 정책환경과 행위자

1. 정치상황과 행위자의 상호 작용

전두환 정권 이후 금융실명제 실시에 대한 두 번째 논의는 노 정권의 대선 주장에서 찾을 수 있다. 권위주의 정권하에서 억압되었던 국민의 요구가 6월 항쟁과 6·29선언으로 민주화와 함께 확산되면서 공정한 분배를 요구하는 국민들의 정서에 맞추어 각 당 후보들은 금융실명제를 선거공약으로 내세웠다. 노태우 대통령도 경제민주화 정책의 일환으로 금융실명 거래제를 실시하겠다고 대선공약으로 내걸었다. 이 금융실명제는 전두환 정권에서부터 활발히 거론되었으나 보수적 정치세력과 여당의 거센 반발에 부딪쳐 실시하지 못했고, 노 정권에서는 민주화의 확산과 더불어 사회 내의 세력들의 영향력 확대는 금융실명제 실시를 부추겼다. 노 정권에서의 금융거래제의 실시는 경제적인 측면과 선거공약을 이행하려는 노태우 대통령의 의지에서 비롯되었고, 한편으로는 전두환 정권과의 정치적 차별성을 부각시키기 위한 노력이었다.

또한 민주화가 급격히 확산되는 정치흐름과 함께 공정한 소득과 부의 분배를 요구하는 여론이 높아졌고, 폭발적 노사분규는 체제에 대한 강한 도전세력으로 성장하면서 부의 축적과 관리에서 '도덕 및 윤리의 정립'의 필요성이 절실해졌다.[39] 이와 같은 시대적 흐름이 국민적 공감대 형성과 함께 실명제 실시를 위한 분위기가 성숙해짐에 따라 상황에 편승하는 노 대통령의 리더십이 금융실명제 정책의 지로 나타났다.

전두환 정권에서는 국민들이 실명제에 대한 내용 자체를 전혀 몰랐고, 정책추진의 주체인 정부 내에서도 인식이 거의 없었지만 노태우 정부에서는 실명제에 대한 내용이 국민들 사이에 많이 홍보되었고, 경실련과 같은 사회단체를 중심으로 실명제 실시요구가 증대되었다. 그러나 이 정책은 국민의 금융거래정보를 정부가 갖는 데에 대한 국민적인 합의가 전제되어야 하기 때문에 정부가 일방적으로 추진한다고 해서 가능한 것만은 아니다.

국민들 입장에서 금융실명제 거래는 불법거래나 지하경제를 규제하는 효과를 가져올 수 있다는 것과 조세부담의 평등과 공정분배를 기본전제로 인식하고 있었다. 이와 같은 실질적인 결과를 바라는 국민들과 노 대통령의 상황에 편승하는 리더십 성향, 실명제 실시를 통한 전 정권과의 정치적 차별성 부각이라는 정치적인 목적을 달성하는 차원에서 추진하려는 정부의 입장과는 인식에 있어서 상당한 차이가 있었다.

노 대통령은 금융실명제 실시로 인한 경제적인 효과에 대해서 확신이 없었고, 대통령으로서의 선거공약 이행이 기본자세라고 인식하는 수준과 선거공약은 정치적인 효과를 달성할 수 있기 때문에 금융

---

39) 최운열, "금융실명제 도입의 필요성과 문제점", 「국회보」, 1989, 11, p.67.

실명제 실시를 주장했다. 따라서 실명제 실시는 정책에 대한 확고한 의지보다는 단순히 자신의 독특한 면을 강조할 수 있다고 인식하고 있었으며, 사회운동세력의 실명제 실시에 대한 요구에 영향을 받은 인기편승에 기초한 리더십이 발동했다. 대표적인 사회운동세력인 경실련의 주장은 노 정권의 책임져야 할 사회의 문제점을 불공정한 분배구조와 비민주적인 정치구조의 지속, 지하경제의 비대화 등으로 지적하면서 실명제 실시로 실질적인 개혁을 요구하였다.[40] 또한 '82년 당시 5공에서 내무부장관이었던 노태우는 허화평 정무수석과 함께 정치자금 확보로 인한 이해관계를 명분으로 확고하게 금융실명제 실시에 반대한 사실이 반증해주고 있다.

민주화 요구의 정치상황에서 국민의 요구에 부응하려는 노 대통령의 리더십은 정치치적을 통해 정치적 이미지 부각을 위한 북방외교 정책과 분배정책에 힘을 기울이며 실명제에 대해서도 많은 관심을 가지고 있었다. 노 대통령의 신임이 두터운 경제참모인 문희갑 경제수석은 정치·경제적 민주화 상황에 맞게 경제성장보다는 개혁을 중시하면서 경제민주화 정책의 일환으로 금융실명제를 실시하려 했다. 따라서 1988년 12월 5일 개각으로 실명제 실시에 긍정적인 조 순 경제팀의 등장으로 문 수석은 실명제 실시는 더욱 가속화되었고, 문 수석은 비서실내에 실명제 추진을 위한 직속기구를 설치하려고 시도했다. 그러나 조순 경제팀으로 함께 입각한 이규성 재무장관의 반대로 직속기구는 청와대가 아닌 재무부 내에 설치되었고, '88년 10월 15일 이수휴 재무부 제2차관보를 반장으로 한 실무대책반과 '89년 4월 11일 금융실명거래 실시준비단[41]이 설치되어 본격적인 작업이 시

40) 경실련 정책연구위원회, "경제정의실현을 위한 제도개혁의 방향과 과제", 「경제정의」 1992년 3-4월호, pp.112-116과 1992년 10월호, p.8-9.
41) 금융실명제 정책추진을 위한 행정체제는 '금융실명거래실시단(89년 4월 11일 5개반 26명으로 구성)을 중심으로 본격적인 작업에 들어갔고, 정책추진을 위한 전체적인 구조는 다음과 같다.(그림 4-1)

작되었다.[42]

이어서 노 대통령의 실명제 의지가 변하지 않았고 개혁성향을 가진 조순 부총리와 이규성 재무장관은 지속 추진하였다. '90년 1월 16일 조 부총리와 이규성 재무장관은 새해업무보고를 통해서 금융실명거래에 관한 법률 개정안과 금융자산종합과세의 세법개정안을 정기국회에 제출하겠다고 보고했고,[43] 노 대통령의 실명제 의지는 변함이 없었다.

그러나 마침 경기침체와 함께 노 대통령이 실명제에 대해 회의를 갖자 평소 노 대통령과 개인적 관계가 있었고 실명제 시행연기를 주

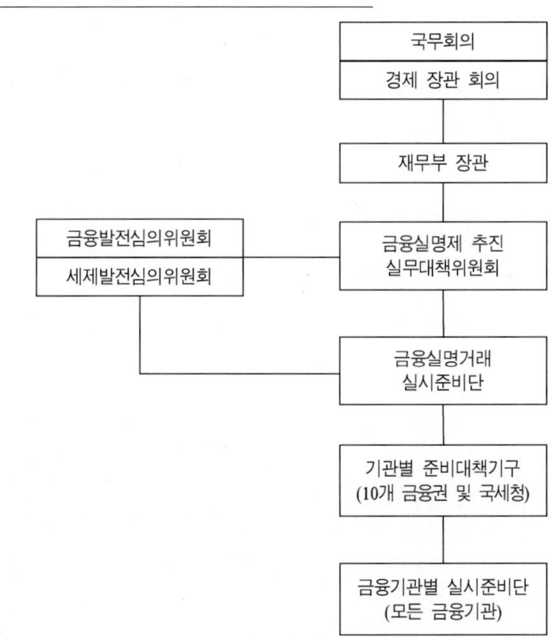

자료: 윤원배 외 6인, 「금융실명제」, (서울: 비봉출판사, 1993), p.229.

(그림 4-1) 금융실명거래 정책추진 행정체제

42) 한국일보, 1989. 7. 13.
43) 동아일보, 1990, 1. 16.

장하던 김종인 보사부장관이 노 대통령에게 실명제 유보를 건의했다.[44] 이를 계기로 경제개혁보다는 성장을 중시하는 김종인 경제수석과 이승윤 경제팀이 새롭게 구성되면서 금융실명제에 대한 재검토를 주장하게 되면서 문 수석의 실명제 추진은 약화되었고, 주위의 의견을 잘 듣고 단호한 결단을 내리지 않고 우유부단한 노 대통령의 리더십으로 실명제의 방향은 연기 쪽으로 선회하게 되었다.

여당에서는 선거공약으로 제시하면서 경제정의를 요구하는 정치상황에 맞추어 금융실명제 실시를 적극 지지하여 왔지만 여소야대의 정치구조에서 '91년부터 금융실명제의 전면실시에 대한 정부의 입장을 지원하면서도 정책결정과정의 전면에 나타나지는 않았다. 정책결정과정에서 종결될 때까지 정부의 입장을 지지하는 수준에서 조심스럽게 입장을 표명했다. 1989년 7월 28일 정기국회에서 이종찬 민정당 총무는 금융실명제 실시를 위한 법적 보완장치를 마련하겠다고 했으며, 정부와 당정정책조정회의를 통해 '91년부터 실시할 수 있도록 '89년 말까지 구체적인 실시방안을 마련하고 '90년 상반기에 공청회를 거쳐 입법 조치하겠다고 했다.[45]

이렇게 노 정권의 금융실명제 정책결정에 영향을 준 민주화로 인한 일련의 정치상황은 실명제 실시 분위기를 성숙시켰으며, 여당의 강한 반대도 없었기 때문에 개혁을 추진하려는 문 수석의 최초 주장에 따라 노 대통령은 실명제를 실시하려고 했다. 그러나 노 대통령은 실명제 실시분위기가 고조되고 문 수석의 주장에 따라 대세편승형의 리더십을 보였다가 실명제 실시에 대한 적극적인 의지가 약화되면서 경제성장 등 경제적인 측면에서 부정적인 효과를 이유로 반대하고 있는 김종인 경제수석과 이승윤 경제팀이 입각시켰다.

여당에서도 정부를 지지하는 편이었지만 수정의 필요성을 강조하

---

44) 김인영, 「재벌 때문에 나라 망하겠소」, (서울 ; 문원, 1995), pp.197-199.
45) 조선일보, 1989. 9. 5.

는 주장이 있자 최초의 결심을 지키지 못했고, 반대주장에 의한 상
황과 대세에 따라 행동하는 수동적인 리더십이 금융실명제 정책결정
에 그대로 투영되면서 실명제 정책결정이 연기되는 특성을 띠게 되
었다.

2. 정권의 성격과 행위자의 상호 작용

국민으로부터 직선제로 당선된 노 대통령은 전두환 정권이 겪는
정권의 정통성 시비는 감소되었지만 한편으로는 전두환 군사정권의
연속선상에서 출발한 정권이라는 인식을 떨쳐버리기 어려운 입장이
었다. 더군다나 '88년 '4·26총선'에서 전체의석 299석 중 민정당은
125석을 차지하여 여소야대의 어려운 상황에서 정책을 운영하게 되
었다. 그리고 전 정권에 대한 잔재청산과 야권의 청문회 요구, 중간
평가실시 등 불안정한 정국으로 민주화로 전환되는 과도기적 성격의
특징을 갖고 있었기 때문에 권위주의 정권에서보다 오히려 정부의
자율성은 낮았다. 따라서 새로운 정책추진으로 여론을 안정시키고
시급한 전 정권과의 차별성 부각을 위해 경제민주화를 추진하려 했
다. 금융실명거래제 실시는 이러한 논리에서 시작된 것이다. 그러면
서도 노 대통령은 과도기적 민주화 선상에서 정치적 이미지 개선과
치적을 위한 정책을 추진하기 위해 북방외교정책에 힘을 쏟았고 경
제정책에 대한 관리를 소홀히 했으며 하부에 위임하는 관리 형태를
보였다.
노 정권에서는 다른 정권과 많은 차이점이 있는데, 노 대통령의
확고한 경제정책에 의한 관리보다는 노 대통령의 위임과 수동적인
리더십으로 인해 경제수석 비서관과 경제부총리의 주장에 따르는 자

세를 보였다. 어느 정권에서나 신정부의 수립과 함께 참모들의 개혁 성향은 강하게 나타난다. 특히 경제 분야에 있어서는 경제수석의 영향력에 의해 정책이 좌우될 수 있다. 그러나 각 부처에 철저히 위임하는 노 대통령의 리더십은 이들에게 더욱 자율성을 부여해 주었고 실명제 정책결정에서도 참모들의 주장이 쉽게 노 대통령에게 전달되고 영향력을 부여했다. 대통령비서실은 대통령의 정치이념과 지시가 원활히 집행되도록 각 부처를 조정하고 통합하는 기능을 해야 한다. 그러나 노 대통령의 방임적인 리더십은 비서실의 정책기능이 각 부처로 분산되고 이관됨에 따라 부처의 책임과 영향력이 증가되는 반면 비서실은 제 기능을 하기 어려운 상황에 놓이게 되었다.

경제상황도 경제정책관리를 대통령이 직접 통제·감독할 정도로 어려운 상태가 아니었기 때문에 경제정책에 관한 사항은 쉽게 위임되어 경제관료와 노 정권에서 가장 영향력을 행사한 문희갑 경제수석과의 마찰이 자주 발생했다. 문희갑 수석은 전 대통령 시절의 경제수석으로서 역할을 했던 김재익·사공일 수석만큼 경제 분야에서 영향력을 행사하지는 않았지만 노 대통령의 신임을 바탕으로 많은 영향력을 행사했던 인물로서 이승윤 경제팀의 반대가 있기까지 금융실명제 정책추진의 정면에 위치했던 인물이다.

정권의 성격으로서 금융실명제 추진에 걸림돌로 작용한 것은 노 정권이 가지고 있는 체제적 성격이다. 노 정권은 합법적인 선거절차에 의해 대통령이 선출되었지만 민주화로 이행하는 과정에 위치한 과도기적 정권으로서 정치적 불안정이 상존하였고, 정권의 성격과 관련이 있는 정치기득권 세력도 전 정권에서 이어진 보수세력들이 많이 잔존하면서 정치기득권으로서의 불안정을 해소하고 지속적인 위치를 점유하려는 이들의 정책행위는 정권의 성격에서 비롯된 것이다. 노 정권은 전 정권과의 정치적 차별성을 주장하면서도 측근의 일부가 교체된 것 외에는 전 정권과 노 정권의 정치핵심부문을 연결하는 신군부출신 정치인들이 군 출신 충원율 21%에서 13%로 조금 낮은 수준에서 충원되었지만 여전히 군사정권의 이미지를 벗어날 수는 없었다.

(표 4-4) 노태우 정권초기의 부문별 엘리트 충원현황

(단위: %)

구 분		부문별 엘리트 충원				
		행 정	민 선	비민선	혼 합	사 법
전 직	학 자	9	7	8	6	0
	관 료	64	7	8	6	0
	정치인	1	33	17	16	0
	군 인	13	8	14	23	0
	언론인	6	9	5	9	0
	법조인	5	11	3	7	100
	경제인	1	13	29	2	0
	기 타	1	12	15	5	0
	합 계	100(72)	100(315)	99(111)	100(43)	100(58)

자료: 안병만, 앞의 책, 1993, pp.258-261.

또한 전 정권은 군사정권의 권위적인 형태를 그대로 유지하면서 노동운동과 국민들을 공권력으로 통제하였지만 노 대통령은 자신이 민주화의 기사처럼 행동하였다. 노 대통령 자신도 민주화를 추구하였지만 노조에 대한 통치스타일은 과거 정권이나 크게 다를 바가 없었다. 이렇게 노 정권의 성격은 권위주의적인 군사정권의 모습도 민주화의 단계에 올라간 정치체제의 성격 어느 쪽에도 속하지 못한 과도기적인 정부의 성격을 지니고 있었다.

이러한 과도기적 정권의 성격과 방임적이고 상황에 편승하는 노 대통령의 리더십으로 사회운동이 더욱 활발해지면서 금융실명제에 대한 사회 내의 운동세력들의 요구가 정부의 자율성에 비해 상대적으로 강한 힘을 발휘하였다. 다시 말해서 과거 정권에서 억압을 바탕으로 한 배제적 통치에서는 사회세력이 정부 정책에 대한 요구를 할 수 있는 분위기나 제도가 정착되지 않았다. 그러나 노 정권에서는 민주화의 분위기로 활발해진 사회운동은 점차 사회세력으로 자리 잡았고, 이러한 정치체제의 성격이 금융실명제 정책추진을 가속화시켰다.

선거공약을 충실히 이행하는 것을 자신의 장점으로 인식하고 있는 노태우 대통령의 입장에서도 초기에는 실명제 추진에 대해 확고한 지원자세를 갖고 있었다. 실질적인 노 정권의 실명제 정책추진은 사공일 재무장관 1988년 3월 15일 새해 업무보고에서 시작되었다. 사공일 재무부장관은 경제정의를 위한 실명제의 필요성과 선거공약의 이행차원에서 실명제 실시를 해야 한다고 설명하며 노 대통령에게 금융실명제의 시행준비와 계획에 관한 보고를 하였는데, 노태우 대통령은 실명제를 추진하라는 지시를 하면서도 토지부과세 부과와 부동산 투기의 선행 등을 주장하며 신중해야 한다는 청와대 경제비서실의 의견에 따라 정책의지가 약화된 상태에서 논의가 거론차원에서 머물도록[46] 지시하면서 사공재무장관에게 일임하는 소극적인 리더십을 보였다.

그러나 문희갑 경제수석과 조순 부총리의 입각으로 또다시 실명제 논의가 활발해졌는데, 문 수석은 금융실명제가 실시되면 떳떳치 못한 지하의 돈들이 금융계를 떠나 실물부문으로 쏠릴 것이라고 가세하자 이에 노 대통령은 문 경제수석과 조순 부총리와 함께 확고한 의지를 갖고 있었기 때문에 문 수석은 대외적으로 실명제 실시는 노 대통령의 적극적인 지원이 있다고 하였다. '89년 3월 31일 고려대 경영대학원 교우회 초청 특별 세미나와[47] '90년 1월 17일 기획원과 재무부의 청와대 업무보고에서도 노 대통령의 실명제 실시에 대한 지시가 있었다고 강조하면서[48] 시행에 따른 문제점을 미리 해결하기

---

46) 김인영, 앞의 책, pp.177-178.
47) 매일경제신문, 1989. 3. 31.

위해 토지투기를 억제하기 위한 토지공개념 관련 법안을 입안하여 법률화하는 등 사전준비를 철저히 했다. 당시 김인호 경제기획차관보도 명분에 의해 실시하지 못했던 토지공개념의 예를 들면서 금융실명제는 꼭 실시되어야 한다는 주장을 하였다. 그러나 정권이 성격이 정치기득권 세력들의 특징을 규정하는데, 전 정권과 마찬가지로 전 정권의 정치보수세력들이 노 정권에서 그대로 이어졌기 때문에 역시 노 정권에서도 적극적으로 반대를 표명하고 나선 것은 청와대와 정부, 여당을 포함한 정치적 보수세력이었다.

실명제에 대한 문 수석과 조순 총리와의 인식이 다른 김종인 보사부장관과 이승윤 부총리의 경제안정과 성장논리를 기초로 한 시행반대논리를 노 대통령은 수긍하면서 '90년 3·17개각으로 김 장관을 경제수석으로 임명하였고, 마침 경기침체로 인해 재계의 반발도 강했다. 여당도 3당 합당으로 구성됨으로써 민정계와 공화계는 실명제 유보발표에 환영을 나타냈지만 민주계는 진천, 음성 보궐선거 패인이 실명제에 유보에 따른 개혁의지의 부족에 있다며 민자당내의 의견이 각각 달랐다. 따라서 또다시 실명제 실시에 대한 노 대통령의 정책의지가 흔들리면서 초기의 강한 실명제 정책의지가 약화되었고 여기에 정치철학의 부재와 결단력과 추진력이 약한 리더십이 더욱 가세하였다.

이렇게 초기에는 노 정권의 과도기적 성격으로 인한 경실련을 중심으로 한 사회운동의 실명제 요구의 강한 힘이 노 대통령과 경제관료의 경제개혁의 정책의지를 강화시켰지만 정치기득권의 구성은 진·보세력이 공존해 있었기 때문에 금융실명제 정책실시에 대한 시각에 있어서 많이 차이가 났다. 또한 이러한 반대의견에 대해 통제와 관리할 수 없는 노 대통령의 리더십이 작용하여 시행에 옮기기도 전에

---

48) 한국일보, 1990. 1. 18.

논의로 끝나는 정책결정의 특성이 나타났다.

노 대통령의 허약한 리더십이 금융실명제 정책결정에 나타난 것은 당연한 일인데, 자신이 가지고 있는 특성에 의한 것이다. 그는 군에서도 부하의 업무보고를 받고도 결심을 해주어야 할 사안임에도 불구하고 결정을 내려주지 않았고, 그의 업무스타일은 어려운 문제에 대해 섣불리 해결하다가는 실수를 하느니 차라리 인내심을 가지고 기다리며[49] 상황을 고려한다던가, 아니면 시간이 흐른 뒤 결과에 따라 대처하는 특성을 가지고 있다.

3. 정권의 이해관계와 행위자의 상호 작용

금융실명제 실시여건에서 볼 때 '82년 당시 전 정권의 여건과는 많은 차이가 있었다. 노태우 정권에서는 이철희·장영자 사건으로 전격 실시하고자 했던 전두환 정권의 실명제 실시배경과 여건에 비해 준비작업이 상당히 성숙된 상황이라고 볼 수 있다. 또한 국민적 합의에 있어서도 폭넓은 공감대를 형성하고 있었다, 그러나 선거공약의 이행과 민주화의 개혁적 차원에서 실시하려던 노 정권의 실명제 정책은 정권안정을 위한 정치자금의 조달과 재벌과의 관계유지[50] 측면에서 크게 정책방향이 변질되었다.

재벌들이 노태우 정부에 제공한 비자금은 (표 4-5)와 같으며, 이 비자금은 금융실명제 정책결정과 직접적인 관련은 없지만 노 정권의 임기 중에 이루어진 정치자금 확보성향을 여실히 보여주고 있으며, 이러한 정치자금으로 인한 이해관계는 금융실명제 정책결정과정에서

---

49) 한승조, 앞의 책, 1992, pp.112-113.
50) 금융실명제 실시연기를 주장한 기업 중의 하나인 선경그룹의 최종현 회장과 노 대통령은 사돈관계에 있었다.

실명제를 추진하려는 노 대통령의 리더십에 영향을 주었다. 임기 중에 이루어진 국회의원 총선거에 소요되는 정치자금의 조달과 당운영 자금 조달을 위해 노 대통령은 은밀하게 직접 정치자금을 접수하였다.[51] 노 대통령의 임기 중에 이루어진 정치자금 확보 노력(표 4-6)은 금융실명제 정책결정과정에서 전 정권에 비해 두드러지지는 않았지만 정치자금의 흐름의 노출과 앞으로의 자금확보에 관련된 정권의 이해관계와 노 대통령 자신이 추구하는 비자금 형성을 위한 이해관계가 작용하였다.

(표 4-5) 30대 그룹의 비자금 제공액

(단위: 억 원)

그룹명	비자금제공 총액	연평균 제공액	그룹명	비자금제공 총액	연평균 제공액
삼 성	250	50	코오롱	20	4
현 대	250	50	동국제강	30	6
LG	210	42	금 호	60	12
대 우	240	48	삼 미	미확인	–
선 경	30	6	미 원	20	4
쌍 용	80	16	해 태	10	2
기 아	40	8	한 일	100	20
롯 데	140	28	한 라	–	–
한 진	170	34	동 양	10	2
한 화	미확인	–	고 합	40	8
효 성	75	15	우 성	미확인	–
동 이	160	32	벽 산	미확인	–
두 산	20	4	극동건설	50	10
동 부	40	8	진 로	110	22
대 림	70	14	한 보	80	16

자료: 동아일보, 1995. 11. 23.

---

51) 동아일보, 1995. 10. 30.

(표 4-6) 노 정권의 정치자금 모금 내역

구 분	모금 내역과 액수
전 대통령의 인계	대선자금: 2,000억 원
정치자금 및 이권	정주영 현대회장: 200억 원+a 수서·한보비자금: 미상 골프장 허가댓가: 미상
선거지원모금	13-14대 총선 및 14대 대선: 미상 지방선거: 미상

자료: 중앙일보, 1995. 8. 8.

그러나 개혁주의자의 등장으로 금융실명제 정책추진은 실체화되기 시작했다. 노태우 정부에서의 금융실명제 추진은 개혁주의자로 알려진 조순 부총리와 문희갑 경제수석이 앞장섰다. 반면에 노 대통령의 일관성 없고 상황에 편승하는 리더십으로 금융실명제 정책추진에서도 비일관적인 현상이 여실히 나타냈다. 또한 실명제 실시에 확고한 의지가 없었기 때문에 실명제 실시를 놓고 정책결정 행위자간에 많은 혼선을 발생시켰다. 그 당시 노 대통령의 신임을 받고 있었던 문희갑 경제수석이 실명제 실시를 위한 강력한 주장을 펴자 자신을 얻은 노 대통령은 당시 김종인 보사부장관의 실명제 반대주장을 받아들이지 않았다. 그리고 1988년 10월 14일 노태우 대통령은 청와대 당정연석회의를 주재하여 1991년 1월 1일부터 금융실명제를 전면적으로 실시할 것을 지시하였고, "10.14 경제의 안정성장과 선진화경제 추진대책"을 발표하였다.[52] 이 발표로 약칭 금융실명단은 실명제 실시의 실무작업을 시작하게 된 것이다.

당시 재무부장관이었던 이규성 씨는 실명단 현판식에서 금융실명제의 취지를 밝혔는데 이상에 가득 찬 명분을 내세웠다. 당시 이규성 씨의 금융실명제 실시의 취지내용은 다음과 같다. "모든 금융거

---

52) 조선일보, 1988. 10. 15.

래를 실명화 함으로써 돈 흐름에 공정한 규칙이 적용되도록 하며 지하경제를 양성화하고 정상적인 금융거래질서를 확립하기 위한 것입니다. 또 금융자산소득에도 근로소득 등 다른 소득과 합산, 종합 과세함으로써 소득계층 및 소득종류 간 조세부담의 형평성을 높여야 합니다. 그래야만 국민화합의 기반을 마련하고 경제정의실현 및 경제·사회의 균형발전을 도모할 수 있습니다."

이렇게 실명제 실시를 위한 조직이 갖춰졌고 금융실명 준비단을 위한 포스트로 은행단자회사, 증권회사 등 10개 금융권 및 국세청도 별도의 대책기구가 마련됐다. 금융실명거래준비단의 구성은 단장에 재무부 금융정책과장을 지냈던 윤증현 국장이 맡았고 진동수 총괄반장, 김규현 금융반장, 김용덕 증권반장, 이종규 세제반장, 방영민 세정반장 등 과장급 5명을 포함하여 총 37명으로 조직되었다. 37명의 실명거래준비단은 실명제의 운영방향을 잡기 위한 실무작업에 착수했고 외국의 실명제 사례를 직접 연구하기 위해 출장을 가기도 했다. '90년 3월에 실명제 초안을 만들어 공청회에 부치고 6월에는 세부안을 마련하여 9월 정기국회에서 관련법률을 통과시킨다는 계획을 잡고 추진했다. 경제 분야의 실세인 문희갑 전 청와대 경제수석의 개혁의지가 가세하면서 금융실명거래준비단은 강한 개혁의지와 함께 실명제 실시를 위한 구체적인 일정에 들어갔다.

그러나 '90년 1월 17일 기획원과 재무부의 청와대 업무보고에서 노 대통령의 지시는 실명제 추진으로 인한 경제적 충격을 감안하여 토지공개념과 금융실명제의 문제점을 신중히 보완하여 시행하라는 것이었다. 이어서 집권 초부터 추진해 온 경제개혁의 효과가 없자 '90년 3월 17일 조순 경제팀이 전면 경질되었고 성장을 중시하는 이승윤 씨가 부총리로 임명되자 신임 정영의 재무장관이 가세하는 가운데 금융실명제 실시는 전면 재검토 방향으로 급전환 하였다. 실명제에 대한 반대 이유로 이들은 실명제 실시로 증시의 위축, 부동산

값 폭등과 경제 분야의 불확실성의 증폭을 들고 있다.

'90년 3월 27일 삼청동 총리공관에서 열린 고위당정회의에서 정영의 재무부장관은 실명제 실시에 따른 부작용을 민자당의원들에게 설명했다. 정영의 재무부장관이 민자당의원들에게 설명한 실명제실시에 따른 부작용에 대한 내용은 다음과 같다. "실명제 실시예상에 따라 금융기관의 자금이 빠져나가 부동산으로 몰리고 있으며, '89년 12월 이후 증시에서 4조원이 이탈되었다. '89년 12월에서 '90년 2월 사이 장기성 예금은 8천억 원 감소한 반면 단기성예금은 7조원 증가, 금융시장의 단기·부동화 현상이 뚜렷해졌다. 게다가 지난해 동안 해외송금이 11억 3천 9백만 달러에 달해 전년도인 '88년보다 2, 3배 늘어 자금의 해외유출이 가속화되었다. 또한 마땅한 투자대상을 찾지 못한 대기성자금이 부동산투기를 촉발, 주택 값이 폭등하고 이에 따라 임대료도 치솟았다.

땅값 역시 '87년부터 오름세를 보이더니 '88년에 들어서면서 오름폭이 커져 전국 평균 땅값 상승률은 '87년 14.7%, '88년 27.5%, '89년 32.0%로 나타나는 등 실명제 실시를 두려워하는 자금들이 부동산으로 대거 이동하는 조짐이 뚜렷해졌다"는 것이 그의 주장이었다. 민자당도 새 경제팀에 힘을 더하면서 실명제 실시는 경제성장의 장애물로 주장하면서 경제장관들과 함께 실명제의 부작용을 설명하기에 부심했다.

경제여건도 더욱 악화되면서 실명제 실시의 정당성이 점점 약화되었고, 정치자금과 관련한 정치적 이해관계에 민감한 정치보수세력이 반대의 입장을 나타내기 시작했다. 노 대통령의 생각도 같은 이해관계로 접근하면서 갑자기 돌변하여 실명제 실시를 번복하는 쪽으로 마음을 굳혔다. 다시 말해서 정치기득권의 실명제 의지가 없었고, 이에 따라 언론 역시 기득권 세력의 반발에 편승하자 상황에 민감한 노 대통령은 유보를 결심하게 된 것이다. 노 대통령도 실명제 실시의 장점을 인정하면서도 반대하는 현실상황에 추종하는 리더십이 작용하였다.

그동안 대부분의 경제정책이 경제수석과 경제관료에게 위임한 정책관리를 해왔음에도 불구하고 금융실명제에 대한 확고한 정책의지나 목표가 설정되지 않았기 때문에 이 정책을 실시해야 되는지 아니면 전 정권에서와 같이 연기나 폐지로 결정을 해야 하는지 노 대통령의 리더십은 일관성이 없었다. 그리고 참모들도 노 대통령의 우유부단한 리더십 때문에 실명제 실시를 전격적으로 발표하여 시행해야 하는지를 판단할 수 있는 역량이 없었다. 따라서 금융실명 준비단을 비롯하여 많은 참모들이 관여하여 결정과정은 공개되었지만 찬반의 의견이 난무하면서 정책시행에 있어서 난항을 거듭했다. 노 대통령은 문희갑 경제수석이 실명제 당위성을 주장하자 실시해야겠다는 의지를 보였다가도 김종인 보사부장관의 반대주장에는 다시 한 발짝 물러서는 리더십을 보였다.

이렇게 실명제 논의가 난항을 거듭하면서 실명제 실시포기로 결심하면서 노 대통령 자신이 모두 책임을 지지 않기 위해서 금융실명제를 반대한 김종인 보사부장관을 경제수석으로 임명하여 자신을 변호시키기도 했다. 이러한 상황은 김종인 경제수석의 반대의견과 3당 합당으로 인한 당내의 의견의 불일치로 금융실명제는 다시 시행연기 국면으로 들어갔다. 이에 이승윤 경제팀은 '90년 4월 4일 경제종합대책을 발표하면서 '91년부터 실시하려고 했던 실명제를 유보하겠다고 선언함으로써 마침내 4·4조치를 취하였고 금융실명제는 연기되었다. 이를 변명하기 위해 비실명예금에 중과세하고 상속·증여세를 강화, 실명제의 당초취지를 살리겠다는 무책임한 말만 되풀이했다.53)

노태우 대통령은 더욱 자신의 입장을 변론하기 위해 경제활성화

---

53) 고광철, 앞의 글, p.243.

종합대책 회의 시, "실명제의 주요 목적이 형평과세에 있었던 만큼 현재 추진 중인 2단계 세제개편작업을 통해 과세형평이 이루어질 수 있는 방안을 강구하라"고 지시하고 "특히 금융실명제 유보이유에 대한 배경을 국민에게 소상히 알리는 데 힘쓰라"고 강조했다.54) 이로 인해 노 정권의 경제개혁과 금융실명제 실시는 무의미해졌고 실패로 귀결되었는데, 전 정권과 같이 정치지금과 관련한 첨예한 이해관계는 없었지만 임기 후의 자신의 거취문제에 대해 불안한 인식을 갖고 있는 노 대통령은 비자금에 대해 많은 관심이 있었다. 노 대통령의 개인재산축적과 정치보수세력의 정치자금확보에 대한 이해관계가 일치하면서 노 대통령의 상황편승적 리더십은 더욱 힘을 잃게 되었고 금융실명제 실시는 결정이 여러 차례 번복되면서 결국은 무의로 끝났다.

노 대통령의 리더십을 분석해 볼 때, 전두환 대통령과 같은 길을 걸어왔으면서도 지휘관으로서의 결단과 추진력이 부족하였는데, 조심스러운 성격과 실수를 두려워했기 때문에 항상 앞장서기보다는 협조자의 자세를 보였다. 10·26 사태가 계기가 된 정권찬탈과정에서도 그는 전두환 대통령의 제2인자로서 위치를 차지했고, 노 대통령의 성립도 전 정권의 절대적인 도움이 없이는 불가능했다. 또한 그의 스타일은 지나칠 만큼 반대의견을 잘 수용함으로써 방어적이고 수동적인 리더십이 금융실명제를 자신의 집권초기의 정책의지대로 끝까지 밀고 나가지 못하게 했다.

---

54) 중앙일보, 1988. 10. 15.

제4절 금융실명제 정책결정의 특성분석

합법적인 절차에 의거 출범한 노 정권은 전 정권보다는 정당성의 문제가 어느 정도 극복된 상황에서 출범하였지만 6·29선언을 시작으로 민주화의 물결은 분배와 형평의 문제를 제기한 경실련을 중심으로 한 사회운동세력이 또 다른 정치적 저항세력으로 등장하면서 정치적 불안정은 계속되었다. 민주화의 물결은 박 정권이나 전 정권과 같이 국민을 억압과 배제정책으로는 통제가 불가능하였고, 정부의 자율성은 한계가 있었다. 따라서 정부가 정책을 추진하는 과정에서 사회 내의 운동세력과 반대세력의 저항을 염두에 두지 않을 수 없었다.

이러한 가운데 '82년 당시 전 정권에서 내무부장관 시절 그는 실명제 실시를 적극적으로 반대한 사람 중의 하나였지만 대통령 선거 당시 경쟁자들과 함께 실명제 실시를 선거공약을 경쟁적으로 제시했고, 이를 이행하는 것이 대통령의 윤리라고까지 생각하였다. 따라서 선거공약의 철저한 이행차원에서 또는 전 정권과의 차별성 부각을 위해 실명제 정책을 추진하려 하였지만, 정권출범 이후 실명제에 대한 확고한 의지와 강력한 리더십이 부족한 노 대통령은 자신의 독단적인 결심이 아닌 경제수석과 경제부총리의 주장에 힘입어 실명제 실시를 추진하기로 결정한 것이다.

취임 직후 사공일 재무장관과 비서실에게 신중한 추진을 지시하여 한 발 물러섰다가 문희갑 경제수석과 조순 경제기획원장관을 입각시키면서 이들의 주장에 따라 본격적으로 추진되었던 것이다.[55] 그러나

---

55) 문희갑 경제수석과 조순 경제부총리의 조기시행 주장으로 "10·14 경제의 안정성장과 선진화합 경제추진대책"이 발표되었는데, 그 내용은

군사정권의 연속이라는 정치적 이미지와 민주화 추세로 인한 정권의 약화현상은 정치체제 안정을 위한 정치자금의 필요성이 정권 내에서 쟁점이 되어 금융실명제 결정과정에서 이해관계로 작용하였다.

실명제 실시에 대한 노 정권의 이해관계는 앞서 밝힌 바와 같이 전 정권에서 정치기득권세력이 금융실명제 실시를 반대한 이유와 마찬가지로 노 정권도 전 정권의 정치보수세력이 그대로 이어지면서 이들의 정치자금 확보에 대한 정치적 이해관계와 노 대통령의 비자금 축적의 이해관계가 함께 작용하면서 노 대통령을 중심으로 정책행위자 간에 상호 작용하였고, 이에 우유부단한 노 대통령의 리더십이 더욱 실시논의를 일관성 있게 진행하는 데 장애물이 되었다.

노 정권도 전 정권과 마찬가지로 상대적으로 차이는 있지만 체제적 정당성의 문제가 첨예한 정치적 상황으로까지 진전되지 않았지만 5공 군사정권의 연속이라는 정권의 성격이 체제안정의 저해요소로 작용하였다. 여기에 전 정권의 억압체제에서 6·29 민주화선언을 계기로 민주화의 열기가 폭발하였고, 이러한 과정에서 출범한 노 정권의 과도기적 상황은 사회의 이익표출활동의 급증과 더불어 정치적 불안정이 표면화되었다. 민주화로 이행되는 과도기적 정권으로서 노 정권은 전두환 군사정권의 적극적인 지원으로 성립되었기 때문에 노 정권의 체제적 정당성을 뒷받침해 줄 재야단체나 정치지지세력의 저변이 구축되지 않았다. 따라서 전 정권과 마찬가지로 집권유지와 정권의 재창출을 위한 장기적인 수단이 필요하게 되었고, 이 수단을 정치자금 확보에 두고 있었다.

정치자금 확보는 전 정권과 비교해 볼 때 실명제 결정과정에서 첨예하게 나타나지는 않았지만 정권내부의 정치적 이해관계로서 작용

1991년 1월 1일부터 금융실명제의 전면실시와 지금까지 분리과세하였던 이자·배당 등 금융자산소득에 대한 종합과세 등을 내용으로 하고 있다.(조선일보, 1988. 10. 15.)

한 것은 사실이다. 노 대통령은 실명제 추진이 선거공약을 이행해야 한다는 것으로 부담으로 느끼면서도 초기에 추진하려는 의지가 약화되면서 정책행위자들의 주장에 편승하는 수동적인 리더십으로 정치자금에 대해 정책결정행위자들과 인식을 같이 하면서 실명제 정책추진에 적극적인 리더십을 보이지 못했다.[56]

전 정권의 금융실명제 실시결정이 철회로 끝났지만 전 대통령을 중심으로 한 경제각료들의 상호 작용으로 7·3조치의 결실을 이루어냈지만 노 정권의 실명제는 구체적인 정책으로 나타나지 못하고 실시와 연기결정이 여러 차례 번복되는 정책결정의 특징을 가지고 있다.

대선 선거공약 이후 구체적인 노 정권의 실명제 추진은 경제정의를 실현을 주장하는 사공일 재무장관의 새해업무보고를 통해 본격화되었다. 1988년 3월 15일 새해 업무보고에서 사공일 장관은 금융실명제 실시에 대한 목적과 계획을 밝혔는데, 경제정의실현과 비실명에 대한 무거운 세금부과로 계층격차 해소, 토지 및 금융전산화 작업 후 실시를 보고하였다. 부동산 투기의 성행, 금융전산화 의 미비

---

56) 다른 두 대통령보다 상대적으로 우유부단한 그의 정책의지가 금융실명제 정책추진에 있어서 중요한 변수로 작용하였다. 전체적인 국정운영을 고려해 볼 때 일관성을 찾아보기 어렵고, 특히 경제정책에 있어서는 표류현상이 심했다. 앞에서 이미 논의되었지만 정치적 치적에 관심이 많았던 노 대통령은 경제적 호황에 힘입어 북방외교정책이나 선거공약이행을 위한 정책이외에 경제정책은 각 부처에 위임이 두드러져 부처이기주의의 만연, 이에 따른 정책결정의 지연현상과 대통령비서실과 각 부처간의 마찰 등이 자주 발생했다. 이러한 현상은 과거의 권위주의적 정권에서 전혀 보지 못했고, 대통령을 중심으로 한 일사분란한 명령체계에서 벗어난 것이었다.(정정길, "대통령과 정책결정", 「행정논총」, 29(2) 1991, 서울대 행정대학원, pp.53-68.) 금융실명제 정책추진과정에서도 리더십의 한계로 정책결정과 실시과정에서 번복을 자주 함으로써 난항을 겪었다. 이것이 노 대통령이 다른 두 대통령과 크게 다른 점이다. 선거공약 시 그렇게 강조했던 금융실명제 실시문제를 취임하자마자 사공일 재무장관에게 위임하였고, 또한 신중하게 처리하라고 지시했다는 데서 차이점을 찾을 수 있다.

등 여러 가지 여건이 성숙되지 않았다는 이유로 청와대 경제비서실의 지지를 얻지 못함으로써 보고로 끝났다.

그러나 경제기획원차관이었던 문희갑이 장관급인 경제수석으로 임명되었고, 조순 부총리와 이규성 재무장관이 새로운 각료로 등장하면서 본격화되었다. 조순 경제팀은 '89년 4월 12일 과천청사 회의실에서 노 대통령 주재로 전 국무위원, 경제단체장과 각계 대표 80여 명이 참석한 가운데 '경제·사회균형발전 확대회의'를 열고 불로소득 중과를 위한 금융실명제 및 금융실명제 및 금융자산 소득 종합과세를 '91년 1월 1일부터 실시키로 확정지었다.[57] 따라서 이를 계기로 실명제는 '91년부터 조기에 실시할 수 있을 것 같이 빠른 속도로 진행되었다.[58] 이렇게 노 정권의 실명제는 정책을 자문하거나 주장하는 사람과 상황에 따라서 쉽게 방향이 변화하였다. 이와 같이 결정에 대한 번복의 예는 계속해서 나타났다.

경기침체는 경제활성화와 경제개혁팀의 세력을 약화시키면서 노 대통령에 대한 영향력이 축소되었고, 이들의 설득력으로는 노 대통령의 실명제 추진에 대한 확고하지 못한 의지를 강화시키는 데는 한계가 있었다. 이에 실명제 시행연기를 꾸준히 주장해 온 김종인 보사부장관은 개인적 친분을 이용하여 노 대통령을 적극 설득하였다.[59] 또한 민자당의 시행연기 주장이 더욱 노 대통령의 불투명한 정책의지를 부추겼고, 반면에 개혁세력인 조순 부총리의 실시주장이 있었지만 실명제를 실시할 것이냐 말 것이냐를 놓고 우유부단한 노

---

57) 김종영, 「금융실명제에 관한 정책결정 과정분석」, 고려대 박사학위논문, 1995, p.106.

58) 그 예는 '88년 10월 15일 재무부 제2차관보를 반장으로 한 실명제 실무대책반과 '89년 4월 11일 '금융실명거래 실시준비단'이 설치되었다. 그리고 노 대통령에 대한 많은 계획에 대한 보고가 이루어졌고 '90년 1월 24일에는 '91년 실시를 목표로 하는 금융실명제 초안이 발표되었다.

59) 김인영, 앞의 글, pp.197-199.

대통령의 리더십으로 계속 난항을 겪으면서 금융실명제 추진은 표류하기에 이르렀다. 마침내 노 대통령의 정책의지의 약화와 개혁정책의 문제점을 재고해야 한다는 민자당의 정책 기조가 금융실명제 실시를 추진하고 있는 조순, 부총리, 이규성 재무장관, 문희갑 경제수석을 경질시켰다. 그리고 이승윤 경제기획원장관, 김종인 경제수석 등이 새 경제팀으로 구성되면서 경제성장을 중시하고 실명제 실시로 인한 여러 가지 문제점과 부작용이 제시되면서 이들의 주장대로 노 정부의 실명제 정책결정은 시행연기로 일단락 맺었다.

이렇게 결정이 수차례 번복되면서 끝내 금융실명제 실시가 이루어지지 못한 원인은 경제민주화를 추진하려는 개혁파들의 주장과 정권 내부의 정치적 이해관계로 노 대통령의 허약한 리더십에 작용하였고, 정치자금과 관련한 기업들과의 이해관계[60]도 정권의 성격과 무관하지 않다. 그러나 전반적으로 노태우 정부의 금융실명제 결정과정의 특징은 노 대통령의 리더십을 분석함으로써 가능할 수 있을 정도로 리더십 요인이 중요하게 작용하였다고 볼 수 있다.[61] 정치스타

---

60) 1989년 말 최종현 선경그룹회장이 노 대통령을 방문하여 실명제 실시로 인한 경제적 타격을 설명할 수 있는 여건이 조성되었다.

61) 정책결정과 추진방식에서 볼 때 정책결정의 결과는 대통령의 최종 결심으로 이루어지며 대통령의 영향력이 어떤 행위자들보다 강력하게 작용한다. 그러나 대통령의 영향력이 정책결정에서 강하게 작용하지 않을 때가 있는데, 그것은 대통령의 리더십이 강하지 못할 때이다. 대통령의 확고한 정책의지를 바탕으로 리더십이 강하게 작용될 때 대통령이 의도하는 대로 정책결정이 이루어진다. 노태우 대통령의 리더십은 앞에서도 논의했듯이 우유부단하고 상황에 편승해서 정책을 결정하는 특징을 갖고 있다. 따라서 노 정권에서의 실명제 결정과정은 이러한 노 대통령의 리더십에 의해 결정이 자주 번복 되었다. 이에 따라 정책행위자들의 특성과 역할이 노 대통령의 우유부단한 리더십을 더욱 부추겼다. 수석비서관과 장관과 같은 핵심참모들이 노 대통령에게 정책을 조언하고 결정에서 집행단계에까지 관여하면서 금융실명제를 일관성 있게 추진하는데 걸림돌이 되었다. 그보다도 문제는 실명제 추진의 정당성을 내세울 때는 추진에 대한 강력한 의지를 보이다가도 반대의 의견에 다시 결정을 반복

일에 기초한 노 대통령의 리더십은 주의의 의견을 잘 청취하는 여론 수렴형으로 지시와 명령에 치중하는 하향식 접근보다는 하부로부터 건의와 요구를 잘 수용하는 상향적인 접근방식을 띠고 있다.[62]

정책결정과정에서 정책행위자들의 주장을 쉽게 투입할 수 있는 여지를 많이 허용하였고, 앞에서 논의된 정책 환경에 따른 정책행위자의 정책행위와 노 대통령의 리더십의 상호 작용으로 노 정권의 금융실명제가 여러 차례 실시하겠다고 결정했다가 논의로만 종결되는 정책결정이 되었다.

하는 그의 리더십이 정책 체제에서 주요한 변수로 작용했다.
62) 김호진, 앞의 책, 1990, p.280.

제 5 장

김영삼 정부의 금융실명제 정책결정

제1절 금융실명제 정책 환경

1. 정치상황

민주화와 함께 활발히 진행되었던 반체제사회운동은 정치적 정당성의 확보와 야당과 국민으로부터 인정을 받지 못했다는 점, 언론의 비판이 가세하면서 그 힘을 잃었다. 노동운동도 임금상승과 노조 내의 보수주의적 경향이 싹트면서 정치화했던 80년대 말 노동운동의 극렬한 양상은 찾아보기 어려웠다. 지금까지 한국노동운동을 지배해 온 한국노총도 탈퇴한 대기업노조들이 민주노조를 다시 결성하면서 쇠퇴해 갔다. 반면 지식인층과 중산층으로 주축이 된 새로운 세력은 정치·사회적 개혁을 요구하며 시민사회의 영향력을 증대시키고 있었다.

정권수립과 동시 전격 단행된 김영삼 대통령의 개혁과 일련의 민주화조치는 정치·경제민주화를 요구하고 있는 일반 국민과 지식인·중산층으로 형성된 두터운 세력의 지지를 받았다. 이들은 환경보존

운동과 경제정의시민운동 등을 전개하며 국민의 공감대를 형성하는 등 국민생활 전반에 영향을 주는 세력으로 확대해 나갔다.[63] 이러한 사회적 개혁상황과 지지기반 위에서 추진되고 있는 김영삼 대통령의 개혁은 부작용도 파생시켰는데, 국민의 자율성을 제한시키고 권위주의를 더욱 고착시키는 결과도 가져왔다.

김영삼 대통령은 국민 위에 군림해 온 과거 군사독재와 권위주의적 잔재를 청산하고 문민우의의 원칙을 세우겠다는 단호한 의지는 긍정적인 평가를 받을 수 있었다. 그러나 개혁을 추진하는 과정에 있어서는 권위주의적인 통치양상이 많이 나타나 정치·행정체제가 김영삼 대통령 개인 중심으로 운영되는 이미지와 함께 전체적으로는 민주적이지만 부분적으로는 권위주의적 지배의 틀을 벗어나지 못했다.

개혁과 사정은 계속되는 가운데 사회전반에 상존해 있는 부정부패를 국가발전의 저해요인으로 인식하였고, 공직자를 중심으로 한 사회전반의 부정부패에 대해 사정을 확대해 나갔다. 사정의 일환으로 시작된 공직자 재산공개는 대통령의 재산공개를 시작으로 일정 직위 이상의 공직자 재산등록 및 공개를 실시하였다. 재산등록과 공개결과 재산형성이 투명치 않거나 직위에 비해 과도한 재산을 소유한 공직자 242명을 자진 사퇴시켰다.[64] 특히 그동안 성역으로 여겼던 군을 대상으로 비리사정을 과감히 적발, 조치하였다. 군의 장비현대화사업인 율곡사업에 관련된 비리와 군인사와 관련하여 금품을 수수한 군 고위 장성들을 사법 처리하였다.

정권수립과 동시에 김영삼 대통령은 정권의 자율성 강화를 위해 먼저 대대적인 사정으로 개혁의 분위기를 확산시켰고, 국민들의 높

---

63) 김세균, "한국에서의 국가와 사회와의 관계: 한국민주화과정의 경과와 성격과 관련하여", 한국정치학회 광복 50주년기념 학술대회 논문, 1995, pp.8-10.
64) 공보처, 「신한국 3년」, 1996. 3. 18. p.26.

은 지지도를 확보하였다. 이러한 정치·사회적 분위기는 정부가 내세운 정책에 대해서 부정적인 시각보다는 긍정적인 시각으로 기대를 걸고 기다리는 국민여론이 형성되어 나갔다. 이 같은 정치·사회적 상황은 금융실명제 실시를 위한 발판을 구축하는 수단으로 적절하게 작용하였고, 정책결정과정에서도 넓은 공감대 형성으로 정부의 정책의지를 강화시킨 요인으로 볼 수 있다.

2. 정권의 성격

　김영삼 정권은 전두환 군사정권과 연속성을 지닌 노태우 정권의 정치구조적 틀 속에서 창출된 정권이라는 이미지를 부인할 수는 없다. 즉 김영삼 정권이 전두환과 노태우 정권과 같이 정당성의 문제나 체제위기는 없었을지라도 민자당과의 합당, 노태우 정권으로부터 배태된 정권이라는 점이다.

　따라서 김영삼 정권은 문민정부로서의 이미지 강화와 김 대통령의 오랜 숙원이기도 하며 정치철학이기도 한 민주화와 정치, 행정부패의 척결을 목표로 개혁을 통해 정치력을 강화시켰다. 즉 문민정부로서 과거 군사정권의 권위주의의 잔재를 종식시키고 정치민주화를 통한 개방적·자유경쟁체제를 확립하여 신한국건설과 통일국가를 지향하는 내용으로 개혁을 실시해 나갔다. 문민정부를 표방하는 김영삼 정권의 성격으로 김 대통령의 절대적인 영향과 개혁성향의 관료들이 대거 참여함으로써 김 정권의 성격과 인과성이 있는 정책행위자의 특성을 나타냈다.

　김영삼 정권은 정치과정에서 잉태된 고질적인 부패로 국민들의 인식은 정치·행정과 많은 괴리현상을 나타내고 있다는 것을 잘 이해하고 있었다. 따라서 김 대통령은 자신이 우선 깨끗한 정치를 하겠다고 천명했고, 자신의 정부가 깨끗하다는 것을 보이기 위하여 공직자 재산공개, 공직자 윤리법의 개정 등을 통하여 국민들의 지지를 받으려고 노력하였다. 또한 국민들을 억압하는 기제로 활용되어 온 보안사를 기무사로 개편하고 안기부의 역할 재조정과 예산삭감, 통합선거법과 정치자금법의 개정을 단행하였다. 이와 관련하여 검은 돈과 정치 자금의 투명성을 보장하여 깨끗한 정치를 구현하겠다는 김영삼 정권의 개혁은 금융실명거래제 시행으로 앞서 이루지 못했던 두 정권의 무능함과의 차별화를 시도하였다.

그동안 군사정권에 억압받아 온 국민정서는 김영삼 정권의 개혁과 사정바람으로 희망을 걸기도 했다. 그러나 개혁을 너무 지나치게 강조한 나머지 과거의 정권의 모든 정책을 부정하게 만들었고, 개혁의 대상을 너무 확대한 전략은 이를 수용할 수 있는 사회·경제적 기반이 확립되지 않은 상태에서는 어렵다. 개혁적 리더십은 민주적 가치를 사회에서 널리 받아들일 수 있는 제도, 절차, 그리고 가치, 관행들이 먼저 선행되어야 한다. 그러나 김영삼 정권의 개혁에 의한 정권의 성격으로 정책을 추진하는 과정이 국민적 합의보다는 정책의 효과성에 초점을 맞추어 대부분이 비밀리에 이루어졌다.

문민정부의 외형적인 틀과 개혁을 시작으로 시작한 김영삼 정권은 제도적, 법적 절차의 준비도 없이 추진되어 국민에게 대통령으로서 가시적인 것만을 보여주려는 인상을 가지고 있었다. 그리고 문민정부를 지나치게 강조하는 가운데 추진되는 개혁과 사정은 오히려 김 대통령의 권위주의적 성향을 더욱 표면화시켰다. 김영삼 정부의 정치과정 또한 정치적 의제를 둘러싼 정치세력 간 타협과 조정의 결과였다기보다는 모든 것이 대통령의 특별한 지시를 이행하는 방식으로 이루어졌다.65)

김영삼 정권의 성격이 김영삼 대통령이 자신의 정권을 문민정부와 민주주의라고 주장한 것에 대한 반박을 할 수 있을지 모르지만 체제적 정당성이 확보된 정권이라는 점에 대해서는 아무도 이의가 없을 것이다. 그리고 정권의 성격에 따라 나타나는 정책행위자들의 상호작용의 유형과 문민정권의 성격으로 정권에 참여한 구성원들은 전·노 정권의 군 출신 우위에서 민 출신의 개혁적 관료로 이루어졌지만 김 대통령의 권위주의적이고 독단적인 결정으로 민주적인 정책결정 메커니즘이 나타나지 않았다. 김 대통령의 독단적이고 자기중심적인 판단과 지시, 그리고 상대방에 대한 의견 청취는 이미 그가 정한 결정에 대한 참고에 불과할 뿐이다. 따라서 금융실명제 정책결정도 정책행위자들이 참여한 합리적 정책결정 메커니즘으로 이루어진 것이 아니라 김 대통령의 일방적 지시와 폐쇄적 과정을 거쳐 실명제가 추진되었다.

3. 정권의 이해관계

군부정치의 종식과 문민정부의 수립을 민주화과정의 최대 업적으로 과시한 김영삼 정권은 개혁의 바탕을 국민의 지지에 두고 있었다. 민주화는 군사정권을 타파하고 민주적 절차를 회복한다는 의미로서 문민정부의 수립과 함께 추진되었다. 국민에게는 군사독재의 종식이라는 오랜 숙원이 어느 정도는 해결되는 것으로 반영되면서 이를 바탕으로 한 민주화는 사회전반에 걸쳐 개혁으로 나타났다. 사회 내의 각 세력들도 시민사회의 자율성을 나름대로 확보하는 가운데 국가의 정책에 대한 영향력을 직접 또는 간접적으로 증대시켜 나

---

65) 박상훈, "'문민' 정치, 그 지배의 정치경제학", 「정치비평」, 한국정치연구회, 1996년 창간호, p.205.

갔다. 이들은 정치적인 목적보다는 환경운동과 경제정의시민운동 등을 펼치며 사회전반은 물론 정치적인 영역까지 영향력을 점차 확대해 나갔다. 이러한 사회 내의 세력들은 개혁에 필요한 정치적 자원 부족에 직면한 김영삼 정권을 지지하면서 개혁 반대여론을 약화시키는 가운데 제도권 정치에 대한 영향력을 확대하였다.[66]

이러한 사회의 움직임과 함께 정권 초기부터 각종 사정과 개혁바람은 정치·사회전반에 걸쳐 추진되었고, 군사독재하에 존재한 각종 제도의 청산과 정권의 주도적인 개혁분위기 조성은 김영삼 대통령의 개인적 정치철학의 반영이기도 하다. 또한 노 정권의 정치적 과도기를 거치면서 문민정부에 대한 국민적 열망은 과거 정권에서 경험했던 단순한 슬로건으로 끝나는 개혁이 아닌 진정한 개혁이기를 원했다. 87년 6월 항쟁 이후 국민들의 의식과 행동양식은 크게 변화하였는데, 군사독재하에서의 억압과 예속성이 국민들의 의식과 활동양식을 지배하였다면 87년 이후 불의와 억압에 대해 국민대중 스스로가 진출하는 민주의식이 확대되었다는 점이다.[67]

그동안의 정치에 대한 국민적 정서는 한마디로 부정과 부패로 인한 정치권에 대한 불신이라고 할 수 있다. 부패의 온상이었던 정치자금의 투명성 제고는 과거 정권과의 차별성을 부각시키는 수단으로 최고의 가치를 가지고 있다. 이러한 정권의 이해관계로 인한 금융실명제 실시는 경제적인 개혁차원보다는 정치적인 차원에서 이루어진 정책이라고 보아야 한다. 김영삼 대통령 자신은 어떠한 자금도 받지 않고 깨끗한 정치를 하겠다고 천명했고, 경제활성화와 정치적 신뢰성을 회복하기 위해서는 지하자금을 양성화시키고 정치자금의 투명성을 보장해야만 한다고 믿었다. 국민들도 금융실명제가 실시되면

---

66) 김세균, 앞의 글, pp.4-5.
67) 이승환, "개혁의 진정한 주체는 국민대중이어야 한다: 진보적인 입장에서 개혁세력을 비판한다". 「계간다리」, 1996년 봄호, p.25.

정치자금을 비롯하여 각종 정치적 부패가 재발하지 않을 것이라고 믿고 있었다. 금융실명제 실시에 대한 정치권이나 재계에 대한 우려는 국민여론과 김영삼 대통령의 의지와 맞물리면서 힘을 잃었다.

금융실명제 정책결정에 영향을 주고 있는 김영삼 정권에서의 이해관계는 전 정권과 노 정권에서의 정치적 이해관계와는 큰 차이가 있다. 그것은 특히 전 정권에서 정권의 안정과 전 정권을 위한 정치자금 확보가 정치보수세력들의 정치적 이해관계로 작용하면서 일시적이지만 강한 정책의지를 가진 전 대통령을 설득시켜 실명제 정책발표를 철회시켰다. 그러나 김 정권은 비도덕적인 군사정권과 과도기 정권에서 나타난 정치자금 확보와 노 대통령의 개인재산 축적을 위한 이해관계는 없었고 문민정부라고 주장하면서 정권의 성격을 규정한 김영삼 대통령도 음성적인 정치자금을 통한 정치운영을 척결하려고 했기 때문에 김 정권에서 금융실명제의 정책 환경으로서의 정권의 이해관계는 정치적 의도로 시작한 실명제를 추진한 김영삼 대통령 자신의 이해관계가 실명제 정책결정과정에 영향을 주었다.

제2절 정책행위자의 특성

1. 김영삼 대통령

김영삼 대통령은 정치엘리트로 성장되는 과정에서 정치체제의 정통성을 놓고 군사정권과 갈등을 경험하면서 국민의 지지를 바탕으로 정권을 창출시킨 것을 특징이라고 할 수 있다.[68) 김 대통령은 야당시절부터 이철승, 김대중 씨와의 경쟁을 통하여 끊임없는 대권에로의 도전을 반복하였다. 제일 야당의 총재에 이르기까지 당내 파벌투쟁에서 자신의 세력을 강화하기 위하여 반대계보에 대응하면서 총재의 권한을 통한 권력행사를 유감없이 발휘했다. 최대 정치라이벌인 현 김대중 대통령과의 관계는 87년 12월 대통령선거에서 낙선한 후 오랜 정치적 동지관계를 서로 결별하게 되었다.

야당에서의 대통령 당선은 우리나라의 정치풍토에서 어렵다는 것을 인식한 김 대통령은 90년 1월 3당 합당을 결심하고 민자당에 참여하였다. 민주자유당 합당으로 노태우와 김영삼 대통령은 민자당 차기 대통령후보를 놓고 벌인 갈등은 서로간의 신뢰감 결여와 민자당 내 민주계의 힘을 동원하는 김 대통령의 힘의 과시였다. 이렇게 민자당은 원내 다수의석 확보라는 노 대통령의 현안문제와 대권도전의 발판을 여당에서 찾으려는 김 대통령의 계산이 맞아떨어진 정치적 산물로 탄생하였다.[69] 대권을 위한 행보는 민자당 대표위원으로서 구 소련방문을 통한 대통령으로서의 역할강화 훈련으로 이어졌다. 그가 현실정치인이라고 평가받을 수 있는 근거가 되는 국민여론의 중시와 여론 모으기에 주력하면서 대통령후보로서의 위치를 강화시켜 나갔다.

김영삼 대통령의 권위주의적 성향은 원래 그가 가지고 있는 요소라기보다는 30여 년의 민주화 투쟁과정에서 비롯된 것이며, 이러한 권위주의적 요소는 이분법적 사고로 민주주의를 반독재 및 권위주의를 타파하는 것과 동일시하였다.[70] 군사정권의 탄압과정에서 정치인으로 성장해왔기 때문에 정책결정에서 폐쇄성과 비공개적 성향을 나타내고 있는데, 반독재 과정에서의 비밀유지는 그의 정치생명에 까

---

68) 이성복, 앞의 글, p.393.
69) 이강로, 앞의 글. 「한국정치학회보」, 제27권 2호, p.158
70) 이종범, 앞의 글, 한국행정학회보, 제28권 4호, pp.1128-1129.

지 영향을 미쳐왔기 때문이다.71) 비밀을 중시하는 것은 그의 성격에
서 두드러진 것인데 정치인과의 관계에서도 비밀유지능력을 잃게 되
면 김 대통령을 떠나도록 했다. 금융실명제 실시에 있어서도 기득권
세력과 통치에 대한 반대세력의 공격을 피하고자 철저한 비밀을 유
지하였는데, 실명제에 실시에 대한 의지를 갖고 있거나 김 대통령의
정책의지를 추종하는 몇몇 사람들에게만 작업을 맡기고 주무 참모인
박재윤 경제수석과 비서실장도 배제시키는 리더십을 보였다.

  김 대통령의 '나의 정치비망록'에서 그의 심정이 잘 표현되고 있듯
이, 혼자 결정하는 것이 오래 전부터 습관화되어 왔다. 그는 여기서
중요한 결정은 혼자서 한다고 표현되어 있는데, 그 이유는 다른 사람
과 상의하는 것이 무익하며, 의논했을 때 반대의견을 받아들이지 않
기 때문이다. 또 그는 9선의 국회의원 경륜을 소유한 대중정치인과
현실정치인이라는 대중의 평가가 말해주듯이 국민에게 민감한 정책
은 정책의 효과를 극대화시키기 위해 항상 비밀리에 추진했고 하루
아침에 갑자기 발표하는 방법을 즐겼다. 따라서 정책과 관련된 특히
자신의 의중을 잘 이해하고 보좌할 수 있는 핵심인물 몇몇 이외에는
남들과 상의하지 않는다.

  금융실명제의 경우도 마찬가지였다. 그는 어려운 경제여건을 감안
하여 금융 실명제의 실시 유보를 주장하는 세력과 정치인과 기업들
같이 실명제 실시에 따른 이해관계가 있는 기득권세력들의 반대를
사전에 차단시키고 갑작스럽게 전격적으로 발표하고 추진에 들어가
는 과감하고 추진력 있는 리더십으로 대처했다.

  김 대통령의 리더십은 국민들에게 어느 정도 일관성과 추진력을
보였고, 또 외형적으로는 그렇게 평을 받고 있다. 그러나 자세히 보
면 그렇지 못한 점도 있었다. 5·18특별법 제정이 그 예이다. 1995년

---

71) 위의 글, p.1129.

11월 16일 노태우 전 대통령을 구속시키게 된 것은 전두환 정권과 노태우 정권과의 단절에 목적을 둔 것이 아니라 갑자기 터진 노 대통령의 비자금사건을 무마시킬 수 없는 여론과 정치적 상황을 고려한 것이다. 이를 '역사바로잡기'라는 표현으로 포장하며 두 사람의 구속을 개혁과 연관시킨 것이다. 한마디로 개혁을 하겠다는 의지는 인기에 너무 영합함으로써 개혁의 방향은 모호하고 무엇을 목표로 하는가에 대한 국민의 우려도 낳게 했다. 개혁은 자기사람이 많아야 추진력과 동시에 다양한 개혁과정에서 파생되는 위기를 극복해 나갈 수 있다. 그러나 김 대통령은 개혁을 인사기준보다 주위에 자기사람 심기와 정적을 억압하는 형태를 띠었다. 정권 초기의 개혁적인 인사에서 민주계 인사들을 적절하게 요리하여 힘을 빼는 인사와 계보의 안정적 배려의 명목 아래 민정계 인사등용도 자기와의 친분이 있는 개별적 등용이며, 특히 경남 출신 인사들에 대한 발탁에서 '경남고 인맥' 형성으로 결과 지어졌다.72)

역대 어느 정권보다도 높은 정치적 정당성을 확보한 김 대통령은 이를 바탕으로 정치적 지지기반과 동원을 하고 있다. 대중의 요구를 통합 또는 지배방식이 수직적이고 교육적인 점에서 김 대통령의 정치적 지지동원 양식은 대중주의(populism)에 기초한다고 볼 수 있다.73) 이를 좀더 살펴보면, 김 대통령의 정치 행위는 정치철학에 근거하기보다는 권력게임에서 승리자로서의 욕구이며 대통령의 자의적, 일방적이고 대중동원의 목표와 이데올로기적 정향에 있어서도 일관성이 낮다.74) 김 대통령의 정치적 기반은 원래 대중이었고 대중정치로 정국을 이끌어 왔기 때문에 집권초기 개혁을 위한 시민사회

---

72) 남영신, "변덕과 독선: 럭비공 정치", 「신동아」, 1996년 4월호, pp.184-185.
73) N. Mouzelis, "On the Concept of Populism: populist and clientelist modes of incorporation in semiperipherial Politics", <u>Politics & Society</u>, 14-3, 1985, pp.328-349.
74) 박상훈, 앞의 글, p.206.

내 개혁지향적 세력을 동원하고자 의도했던 것은 당연하다.

민주주의를 강조하면서도 김 대통령의 권위주의적 리더십은 합리적 절차를 중시하는 민주주의적 과정이 배제된 행동을 나타내기도 하였다. 즉 문민정부를 창출함으로써 군부정권의 단절이라는 정치적 숙원은 달성했지만 김 대통령의 권위주의적 리더십성향 때문에 국민에게 강요하는 비민주적 요소들이 도처에 나타났다.

과연 김 대통령은 국민의 요구를 잘 이해하고 국민에게 미래에 대한 비전을 제시하는 능력을 갖고 있었는가? 어느 대통령보다도 추구하는 목표와 조건을 많이 제시한 대통령으로 볼 수 있다. 개혁과 사정을 통한 부정부패의 척결과 국가기강 바로잡기, 나아가 모든 한국병의 치료, 경제회복을 위한 국민의 땀이 요구, 21세기를 향한 신한국 건설 등 전반적인 제도개혁을 강조하며 많은 부분에서 사정과 개혁이 이루어졌다. 그러나 정치가적 리더십의 특징만 소유했다고 해서 정치가적 대통령이라고 볼 수 없다. 어느 대통령이건 취임 초기에 국민들의 요구에 부응하기 위해 실천할 수 있건 없건 많은 국정지표가 발표된다. 문제는 이러한 비전들이 과연 국민과 함께 하고 있느냐 또는 일관성 있고 국민으로부터 인정을 받았느냐이다. 그렇지 못할 때는 이들을 달성하기 위한 대통령으로서의 권력만 남용한 결과가 된다.

김 대통령의 경우에 사정은 시간이 흐를수록 그 방향성을 상실하였거나 일관성이 없기 때문에 국민들의 기대나 관심이 멀어졌다. 물론 김 대통령의 개혁노력이 모두 부정적이라고 말할 수는 없다. 그러나 대부분이 자신의 능력과 인기를 의식한 1인 연출 깜짝쇼는 강한 추진력을 바탕으로 한다. 따라서 김 대통령은 많은 정책과 비전을 제시했으면서도 비전이 너무 추상적이었고[75] 단순히 강한 리더십

---

75) 김영삼 대통령의 '신한국 창조'라는 국정비전은 너무 추상적이고, 이를 실행하기 위한 '깨끗한 정부, 튼튼한 경제, 건강한 사회, 통일된 조국'

의 바탕하에 대통령으로서의 의지와 추진력을 보인 행정가적인 리더
십을 가졌다.

행정가적 리더십은 행정집행능력을 가진 리더십을 의미한다. 이
집행능력은 자신의 힘과 참모들의 힘이 서로 조화되어야 한다. 김
대통령의 조직관리스타일은 그를 따르는 참모들의 능력보다는 신뢰
성, 충성심, 의지를 강조하기 때문에 그의 리더십은 더욱 권위적이
될 수밖에 없다. 혹자는 김 대통령을 전문지식이 있는 아래 사람에
게 판단을 의지하거나 다른 사람의 의견을 잘 듣기 때문에 민주적인
운영스타일을 소유한 대통령으로 보인다. 그러나 중요한 정치현안에
대해서는 단지 다른 사람의 의견을 청취하는 것이며, 이미 자신이
결정한 사항을 검증해 보는 예가 많았다.

김 대통령은 평소 민주적이고 합리적인 절차에 의한 국정운영을
많이 강조하고 있지만, 자신의 의지가 확고한 문제에 대해서는 결코
굽히지 않는 스타일을 보였다. 권위주의적인 군부출신의 전두환과
노태우 대통령이 시행하지 못했던 금융실명 거래제를 민자당과의 정
치적 파란도 무시한 채, 또한 경제 분야의 전문가이자 김영삼의 경
제참모인 청와대 경제수석비서관도 모르는 상태에서 1993년 8월 12
일 긴급명령으로 시행하는 독단적으로 행동하였다. 이러한 결과는
과거 정치투쟁과정에서 학습된 김 대통령의 정치스타일에 기초하고
있다.

위에서 분석한 여러 가지 점들을 통해 여러 학자들은 김 대통령의
리더십을 유형화시키려고 시도하고 있다. 그 한 가지로 김호진은 승
부사적 성취형 지도자로 결론지었으며, 이에 대한 근거로서 그 특색
을 요약하면 다음과 같다.76) 첫째, 적과의 정면대결을 통해 승패를

이란 정책목표들은 구체적이지 못했다. (함성득, 위의 글, 월간조선,
1998년 1월호, p.108.)
76) 김호진, 앞의 책, 1996, pp.732-733.

가리고 자기의 목적을 끝까지 관철한다는 점. 둘째, 현상에 안주하거나 편승하기를 거부하고 진취적인 자세로 부단히 현상을 타파하고 재창조함으로써 지도자로서의 입지를 강화하고 국가목표를 달성하려고 노력한다. 셋째, 이러한 지도자는 전략적 사고와 정치적 판단력이 탁월하고 결단력과 대담성으로 기회를 놓치지 않고 행동을 감행해 정국운영과 국정관리의 주도권을 잡아나가고 반대세력의 힘을 약화시킨다. 넷째, 리더십의 업적과 그에 따르는 역사적 평가를 중시한다. 다섯째, 자신의 타고난 정치적 본능과 직관에 의존하는 경향이 있다. 여섯째, 항상 대중으로부터 인정받기를 선호하기 때문에 여론을 의식하면서 과업의 성취를 추구한다.

김영삼 대통령의 리더십은 강한 성취욕이 권위적인 정책수행과 과업 지향적인 속성으로 나타나고 있으며, 국민들로부터의 신뢰감과 대통령으로서의 자신감을 항상 의식하고 있기 때문에 자기중심적인 의사결정을 하는 행태를 보였다. 자신의 성취욕과 자기 과신으로 앞섰기 때문에 모든 정책은 사회적 합의보다는 가시적이고 정치적인 논리로 일관했다. 그 예로 금융실명제가 그랬고 부동산실명제, 지자제, 공직자 사정 등이 정치적인 논리의 개혁적인 효과는 달성했지만 실질적으로 전 국민이 진정한 개혁이라고 인식시키는 데는 한계가 있었다.

이러한 결과를 가져 온 그의 리더십에 대해 청와대 출입기자들은 김 대통령의 통치 철학이 1960년대 이전에 형성된 것으로써 보인다고 말했다.77) 결단력에 있어서도 상당히 강한 것으로 그의 정치동지

---

77) 김영삼 대통령은 박 정권을 비롯한 군사정권에 대한 부정적인 시각을 많이 갖는 정치관을 형성하였다. 출입기자들의 말은 "그는 5·16 이후 30년의 역사는 잘못된 것을 판단하고 있을 뿐 아니라 그 전으로 되돌려 놓아야 한다는 생각을 갖고 있는 것 같다. 그래서 그는 자신을 전두환, 노태우 등 전직 대통령들과 비교하는 것을 가장 못마땅해 한다. 그는 속으로 박정희 정도는 자신과 견줄 만하다고 믿는 것 같다." 조성

들은 주장하고 있다. 그의 정치사에서 보듯이 신민당 대통령 후보지
명전에 도전했던 것을 비롯하여 3당 통합과 내각제파동시의 결단 등
을 합치면 아홉 번의 결단을 내린 것으로써 매 당시마다 객관적으로
보아 성공가능성이 희박한 무모한 도전으로 보였지만, 독특한 그의
결단력을 성공으로 과시해 왔다.[78] 특히 3당 통합 시 가장 큰 결단
을 내려야만 했다. 그 당시 그는 3당 통합이 장기집권을 위한 야합
의 산물이라고 혹평하지만 나라의 안정과 통일에 대비하기 위해서는
불가피한 선택이었다고 후세의 사가들은 평가하리라고 말했다.[79]

3당 통합으로 노 정권의 민주화 조치들을 발전시킬 수 있을 것이
라는 개인적인 믿음이었을 것이다. 물론 민주화를 위한 김 대통령의
불타는 열정이라는 측면에서 볼 때, 그의 이러한 결단력과 행위는
사가들의 좋은 평을 내릴지도 모른다. 그러나 정치란 대권을 잡기
위한 일련의 경쟁행위라는 차원에서 생각할 때는 3당 합당의 결정은
군부정권과 결탁한 야합으로 평가될 수도 있다.

그의 정치적 동지들은 김 대통령이 결단력 있음을 인정하고 있으
며, 또 수차례의 결단력을 정치역정에서 찾아볼 수 있다. 권위주의적
인 역대 정권이 쉽게 하지 못한 금융실명제를 많은 반대에도 무릅쓰
고 자신의 의지로 실행에 옮겼거나 개혁과 사정은 어느 정권에서보
다도 김 대통령의 결단력과 추진력을 여실히 증명한 것이다. 어떤
측면에서는 전 대통령의 과감성과도 연결시켜 정치스타일을 분석한
의견도 있다. 그러나 논자의 입장에서는 추진력은 유사할지 모르지
만 전 대통령의 정치철학의 부재에서 소치한 저돌적이고 무모한 행
위와 판단과는 상당한 거리가 있음을 강조한다.

관, 「대통령과 기자들」 (서울: 나남, 1994), p.116.에서 발췌.
78) 박세직, "김영삼, '한국병' 치유할 결단의 지도자", 「신동아」, 1992년 9
   월호, pp.153-154.
79) 김영삼, "강력한 작은 정부 만들겠다," 「신동아」, 1992년 6월호, p.141.

김 대통령은 정치에 일생을 걸고 통치 철학이나 민주주의에 대한 나름대로의 철학이 굳게 자리 잡고 있었지만 전두환 대통령의 경우는 정치수업이나 정치화 과정을 거치지 않았기 때문에 정치철학의 부재와 함께 군인출신으로서의 단순한 구국일념이 대통령의 자리에서 표출된 통치행위로 보는 것이 정확한 분석일 것이다.

김 대통령은 취임과 동시 개혁정책을 추진하면서 정치자금을 받지 않겠다는 말을 자주 언급함으로써 자신의 도덕성을 강조하였다. 물론 과거 정권의 정통성문제 다음으로 도덕성의 문제가 심각한 점에 미루어 보아 당연한 것이다. 그러나 이 같은 의식이 사정과정에서 많은 문제점이 지적되고 있다. 청와대 출입 기자들도 사정에 성역이 있었다는 데 이견이 없는 듯 했으며, 대통령의 정치자금과 관련된 인사들의 경우는 봐주었거나 표적수사라는 주장에 대해서도 많은 사람들이 동의하였다.80)

개혁을 추진함에 있어서 도덕성만을 최고의 가치로 내세우게 되면 대통령 자신이나 개혁을 추진하는 정치세력 모두가 오만하기 쉬워지고 국가의 전체적인 지향목표를 생각하지 않게 된다. 또한 도덕성이 결여된 세력은 모두가 적대세력이 됨으로써 정치적 적도 국가목표에 대한 적이라는 인식으로 정치가 지향하는 기본원리가 배제된다. 개혁은 급진적 성향을 가질 수 있으며 지나치게 급진적인 개혁은 마치 혁명과 같은 인상을 주기 쉽다. 자유민주주의 국가에서의 개혁은 어디까지나 합법적이고 순리적 절차를 통해 이뤄져야 하며 급진적이고 초법적으로 강행되어서는 안 된다.81)

김영삼 정권에서 보여준 신한국을 건설하겠다는 의지는 오히려 비민주적인 요소가 짙게 나타났고 과거의 모든 법과 절차는 개혁의 걸

---

80) 조성관, 앞의 책, p.137.
81) 정용석, "과거 뒤집기는 개혁이 아니다: 보수주의 입장에서 개혁세력을
    비판한다," 「계간다리」, 1996년 봄호, pp.20-21.

림돌이라고 생각하기 쉽다. 개혁은 민주적인 방법으로 외형적인 부패척결만이 아니라 행정, 사법, 의회, 정치개혁 등을 모두 포함하여야 한다. 국민화합이라는 명분으로 모두가 같은 색깔이어야 하고 한 목소리를 내야 하며, 집권화된 구조에서 하나의 지시에 의해 일사분란하게 움직이는 것이 바로 정치적 안정이라는 인식하에 통치가 이루어지고 있다.[82] 모든 국민이 공감하는 개혁프로그램과 민주적 절차에 입각한 개혁이어야 성공을 거둘 수 있는데 김영삼 정권의 개혁은 목표는 어느 정도 국민들이 호응한 것으로 볼 수 있지만 대통령이 중심이 된 일방적인 개혁의 과정은 김영삼의 원맨쇼에 그친 문민독재의 평가를 받았다.

김영삼 대통령은 개혁을 이렇게 보고 있었다. 개혁은 급진적으로 추진하는 것은 옳지 않으며, 물이 위에서 아래로 흐르듯 순리에 따라 시대적 요구를 적절히 수용하면서 국민의 정치적 지향과 발맞춰 나갈 때 개혁은 소리 없는 가운데 성공을 거둘 수 있다.[83] 취임 초부터 김 대통령의 개혁과 사정은 군부, 공직자 등 사회전반에 걸쳐 사정바람이 불었고 국민들 또한 많은 기대를 걸었다. 그러나 개혁이란 국민 모두가 호응하고 위와 아래가 모두 솔선수범하는 가운데 이뤄져야 하는데 사정대상들 중에서 정치적 이해관계가 고려되거나 성역 없는 사정작업은 아니었고 국민의 의식개혁은 이루어지지 않은 상태에서 국민들은 방관자였다.

따라서 개혁과 사정은 정치역경 속에서 품어 온 김 대통령의 정치적 야망 달성을 위한 수단으로 전략하였다. 다시 말해서 개혁과 사정의 방향이 뚜렷하지 않았고 개혁은 어디까지인지 그리고 무엇을 지향하려고 하는지에 대한 우려를 증폭시키고 사회전체를 뒤집어 놓는 결과만 낳았다.

---

82) 김광웅, "사정만으론 개혁 안 된다," 「신동아」, 1993년 8월호, p.118.
83) 김영삼, 위의 글, 「신동아」, 1992년 6월호, p.141.

92년 대선과정에서 사용한 정치자금의 불투명성과 뿌리 깊은 정경유착의 고리는 베일에 싸인 채 자신의 도덕성과 국민으로부터의 신뢰성은 정권 말기에 가면서 그의 개혁과 사정을 퇴색시켜 놓았다. 실질적인 정책관리에서도 경제문제를 제외하고는 참모들의 영향을 거의 받지 않으려는 김 대통령은 "쉽게 말하면 자기 성미대로 해야 직성이 풀리는 스타일이다"라고 모 방송사 기자는 김영삼의 스타일을 표현하고 있다.[84] 그러면서도 김 대통령의 친화력과 포용력은 정직성과 충성심을 기준으로 주위의 사람들을 '동지'로 만들어 가는 특유의 용인술을 가지고 있다.[85]

그가 소유하고 있는 특유의 상황판단과 결단력은 카리스마적 특징을 더해주고 있으며 '대세를 주도하는 인간형(event-making man)'에 가까운 지도자이다.[86] 이를 뒷받침하기 위해 그 예를 좀 더 논의하면 그가 대통령이 되기까지의 과정에서 쉽게 찾아볼 수 있다. 6공 시절에 노태우 정권의 대연합 제의에 대해 3당 합당을 역제의 하는 등 그의 말대로 '호랑이를 잡기 위해 호랑이 굴에 들어가야 한다'는 결단력과 다른 사람들이 생각하기조차 힘든 결심을 바탕으로 행동함으로써 카리스마적 권위를 가진 인물로 비쳐지는 것으로 추론된다.[87]

이러한 특성들은 리더십에 반영되었고 전반적인 개혁과정과 정책관리에서 종종 나타난 그의 리더십을 설명해줄 수 있는 좋은 예이다. 김영삼 정권의 금융실명제에서 대통령으로서 발휘한 영향력은 그가 소유하고 있는 독특한 특성으로 인한 리더십에 기인되었다.

---

84) 조성관, 앞의 책, p.116.
85) 정윤재, "김영삼 대통령은 카리스마적 지도자인가?"「계간다리」, 1995년 봄호, p.116.
86) Sydney Hook, The Eventful Man and the Event-Making Man과 Barbara Kellerman, (ed.), Political Leadership A Source Book, (Pittsburgh: University of Pittsburgh Press, 1986), pp.24-35. 정윤재, 위의 글, 1995년 봄호, p.117.
87) 정윤재, 앞의 글, 1995년 봄호, p.119.

2. 수석비서관과 장관

김영삼 정부에서 비서실의 기능이 강화되는 양상을 보였지만 과거의 권력지향적 영향력의 증가로 해석할 수는 없으며 충실한 정책참모기능을 강화시킨 것으로 볼 수 있다. 예를 들어 행정, 경제, 외교안보와 같은 전문성이 요구되는 분야는 전문 관료나 연구소의 연구원으로 임명하였다. 그러나 정치 분야와 같은 정권의 이해관계가 첨예한 사안을 다루는 분야는 김 대통령의 의중을 잘 이해하고 김 대통령과 정치세계를 같이 해온 정치인들로 구성되었다.

비서실의 본래 기능은 대통령의 통치이념과 선거공약 등을 정책화하기 위하여 이를 구체화시켜 관련부처가 잘 이행할 수 있도록 대통령의 정책의지를 전달하는 역할을 한다. 따라서 비서실의 기능 중 가장 중요한 것은 대통령을 정책적으로 보좌할 수 있는 전문성을 갖추어야 하고 그 다음이 충성심이라고 할 수 있다. 또한 비서실은 조직을 중심으로 움직여야 하는데 김영삼 정부의 비서실은 사람을 중심으로 운용되었다는 지적도 있다. 따라서 관료조직 중에서 최고의 인재가 모여드는 곳이 비서실이었던 과거 정권과는 달리 김영삼 정부의 비서실은 그렇지 못했다.

청와대 파견근무 후 소속 부처로 돌아가도 승진하지 못하거나 원래의 위치를 복직하지 못하는 사례가 많이 발생함으로써 청와대 근무에 대한 자부심을 갖지 못하거나 파견근무를 회피하는 현상도 있었다. 이로 인해 비서실 전체가 정책적 전문성과 기획성이 저하되는 근본적인 이유가 되었고, 각 부처를 통괄하는 능력은 물론 직업관료와의 연계성도 저하된다. 이는 곧 정책과정에서의 비효율성을 의미하며 정책효과도 기대할 수 없게 된다. 이러한 김영삼 정부의 비서실 운영에 대해 청와대를 출입하는 기자들은, 실무 면에서 가신그룹의 한계를 드러냈고, 비서실의 가신그룹들의 목소리가 커질수록 각 부처에서 올라오는 논리적이고 합리적인 주장이나 견해가 전혀 반영되지 않고 혼선이 발생하기도 했다고 이야기한다.[88]

　비서실에서 정책과 관련하여 대통령과 가장 가까이하는 사람은 수석비서관일 것이다. 수석들은 임명단계에서부터 대통령의 뜻과 일치함으로써 발탁되지만 대통령이 경험과 지식이 부족한 경우에 담당 수석비서관은 대통령의 신임을 받기가 용이하다. 어느 대통령이나 경제 분야에는 전문적인 지식이 많이 부족한 것은 사실이며, 특히 재임기간이 짧고 단임인 경우에 더욱 그렇다. 김영삼 정부도 예외는 아니었다.

　취임 이후 자신이 지식적으로 부족한 경제 분야는 경제수석비서관에게 많이 의존하였다. 또 기회가 있을 때마다 "지금까지 민주화투쟁에 일생을 바쳤지만 이제부터는 경제회복에 모든 것을 바치겠다"고 밝히기도 했다.[89] 이것은 대통령이 경제수석에 대한 정책적인 비중을 의미하는 것이며, 이는 또한 경제수석으로부터 정책적인 영향을 받는다는 뜻과도 같다. 이러한 대통령과 수석과의 연계는 경제수석이 경제부처를 장악하고 대통령의 경제에 관한 정책의지를 잘 이해하여 부처의 직업관료들이 추종하도록 역할을 해야 한다. 대통령도 자신의 정책의지를 굽히지 않고 밀고 나갈 수 있도록 수석이 역할을 해주기를 바라고 있으며, 정책적인 실패나 문제가 발생하였을 때도 정치적인 방패로서의 기능을 요구할 것이다.

　금융실명제 결정과정에서는 김 대통령과 인식을 달리하면서 배제되었지만 김 정권의 경제정책에서 김 대통령의 정책의지를 강화시켰다고 할 수 있는 박재윤 경제수석은 문민정부 초기부터 경제부문의 청사진으로 '신경제 5개년 계획'으로 의욕을 보였다. 그러나 학자출

---

88) 조성관, 앞의 책, p.128.
89) 윤영호, "문민정부 경제수석", 「신동아」, 1997년 4월호, p.178.

신이라는 한계를 벗지 못했다는 언론의 평가와 경제부처를 장악하지 못함과 경실련 등의 비판을 받았다.90) 이러한 비판을 좀 더 살펴보면, 구경제와 신경제와의 차이가 불분명하고 정부주도 성장정책으로 인한 각종 폐해가 드러났던 경제구조 자체를 고치려는 프로그램도 찾아보기 힘들며, 신경제원칙과도 벗어남과 동시에 무엇보다도 이 계획은 국민들에게 정권교체에 따른 가시적인 효과를 보여주는 정치적인 의도가 있었다는 것이다.91) 결과는 많은 비판의 대상이 되었지만 계획의 시작과 추진과정에서 김 대통령이 박 수석에게 많은 정책적인 무게를 실어주었기 때문에 가능했다.

경제수석비서관이란 공식적인 직함은 비서실장 아래서 다른 비서관과 마찬가지로 대통령의 가장 가까운 위치에서 수발을 드는 비서일 뿐이다. 그러나 박재윤 경제수석은 차관급에 지나지 않은 비서관으로서 경제문제에 관한 대통령에 못지않은 막강한 권력을 휘두르며 대통령과 같은 영향력을 행사하였다.92) 대선 유세 시 김영삼 후보의 경제개혁과 활성화의 공약은 박 수석의 경제구상이었으며, 박 수석이 경제수석으로 취임하기 전에 이미 재무부장관이 공금리 인하 계획을 발표하게 한 것도 모두 수석비서관의 영향력을 말해 주고 있는 것이다. 1993년 12월 8일에는 신경제회의를 주재하면서 김 대통령은 과거를 과감히 떨쳐버리고 모두 힘을 합쳐 미래와 세계를 향해 뛸 것을 강조하였다. 과거청산에서 미래지향으로 가는 국면전환의 신호로 언론은 해석했는데, 이 대목을 포함하게 된 경위는 김영삼을 설득시킨 박재윤 경제수석의 주장이었다.93)

대통령비서실의 수석비서관을 역임한 수석들과 정부의 고위관료들

---

90) 위의 글, pp.178-179.
91) 위의 글, pp.178-180.
92) 김대호, "경제사령관, 박재윤연구", 「신동아」, 1993년 5월호, p.196.
93) 조성관, 앞의 책, p.154.

은 하나 같이 수석들의 지나친 영향력에 항상 우려를 나타내고 있다. 박 수석의 경우도 예외는 아니었다. 박 수석을 경제대통령이라고 부르는 여론에 대해 자신까지도 "자신은 비서관으로 대통령을 보필하는 데에만 전념해 왔고, 또 앞으로는 각 부처가 하는 일을 도와주는 선에서 자신의 역할을 제한하겠다."고 말했다.94) 이같이 수석들은 대통령의 신임과 함께 특히 정치적 안정과 정권의 유지에 직결되는 경제문제에 대해서는 대통령의 전문지식의 부족과 함께 더욱 강한 영향력을 행사하게 되고 항상 대통령과 밀접한 위치를 점하고 있다.

그러나 금융실명제 실시를 놓고 박 수석은 철저히 배제당했다. 김 대통령의 경제선생이라고 할 수 있으며, 김영삼 정부의 경제정책을 좌지우지하던 박 수석이지만 금융실명제 실시를 위한 준비작업과정에서 김 대통령으로부터 배제당한 것이다. 그 이유는 금융실명제의 실시에 대해 김 대통령의 의지는 불변인 데 반해 박 수석은 금융실명제의 조기 실시에 대해 회의적으로 생각하고 있었기 때문이다. 경제문제에 대한 모든 것을 수석과 상의하고 수석의 권고에 따라 완전하게 의존한 김 대통령이지만 자신의 특유의 스타일로 박 수석을 배제시키고 실명제 실시에 따른 자신의 정책의지를 강화시키는 부총리와 장관들을 선호하였다.

이것은 정책결정과정에서 가장 측근인 수석이 배제되었다는 것은 김 대통령의 리더십 때문이다. 다시 말해서 김 대통령은 금융실명제 실시를 자기의 정치적 생명을 걸고 추진하려고 했던 것인 반면에 박 수석은 경제학자로서 여러 가지 경제여건을 고려하였기 때문에 박 수석의 실명제 조기 실시에 대한 회의가 김영삼으로 하여금 자신의 정책의지를 추종하는 부총리와 장·차관을 중심으로 비밀리에 실명제를 추진하도록 만든 것이다. 여기서 논자는 전두환과 노태우 정부

---

94) 김대호, 앞의 글, p.202.

의 실명제 추진의 경우와 차이가 있음을 설명할 수 있다. 다시 말해서 앞서 논의 한 두 대통령과 비교해 볼 때 김 대통령의 경우에는 특이한 것을 찾아볼 수가 있는데, 수석비서관이 실명제 결정과정에서 배제되고 장·차관이 중심이 되어 결과 지어졌다는 것은 전적으로 김 대통령의 리더십에 기인하고 있다는 점을 강조하고 있다. 따라서 실명제 결정과정에서 어느 대통령보다 리더십이 가장 두드러지게 작용하고 있었다는 것이며, 이는 곧 리더십으로 정책결정과정을 설명할 수 있다는 의미와도 같다.

문민정부라는 이미지에 맞게 김영삼 정부의 관료충원을 이전의 정권에서 두드러졌던 군 출신 인사들과 대구·경북출신을 배제하였으며, 가시적으로 지역균형에 힘쓰고 여성관료 충원에도 주의를 기울였다. 장관의 임기는 자신의 임기와 같이 할 것이라고 천명하였지만 정치·사회적 위기가 발생할 때는 역시 개각으로 극복하는 단순한 관리스타일을 보였다. 장관은 정치적인 논리나 정권 창출과정에서 신세진 사람에 대한 보상차원에서 임명되는 경우가 많다. 김영삼 정부의 잦은 개각과 보각은 이러한 논리에 의해 해석될 수 있다. 임기 중에 있었던 20여 차례의 개각은 120여 명의 각료를 배출함으로써 역대 정권 중에서 최단 기간, 최다 장관 배출이라는 기록을 남길 정도로 정치적 위기극복용 개각이 많았다.

따라서 역대 과거 정권에서 정책추진과 관련하여 볼 때 대통령과의 관계에서 장관은 수석비서관에 비해 상당한 거리가 있었다. 김영삼 정부의 경우도 전반적인 경제문제나 정책을 입안하고 결정하는 과정에서 수석들에게 의존하였다. 그러나 자신의 선거공약에 대한 실천이나 정치적 논리로 추진되는 특정 정책에 대해서는 비밀을 유지하고 전격 발표하여 추진하는 방식을 선호하였다. 그 예로 김 대통령이 1993년 3월 5일 과천청사를 방문했을 때 경제부처의 실무자들은 물론 장·차관들도 신경제에 대한 내용을 전혀 몰랐고 감지조

차 하지 못했다. 신경제는 대통령과 수석비서관과 이미 결정한 사항이다. 아니 거의 다 박 수석이 김 대통령에게 설명과 설득으로 이루어진 것이나 다름없다. 경제정책도 다른 정책과 마찬가지로 장관을 중심으로 이뤄져야 하는 데 반해 경제부총리와 장·차관 그리고 실무관료들도 전혀 모르는 채 정책이 이미 결정되었고 추진 직전에 있었다는 것은 무엇을 의미하는 것인가. 재무부의 한 관리는 "재무장관이 소관정책에 대해 기본 방향조차 모르고 있다는 것은 청와대가 경제정책을 좌지우지하겠다는 의도라고 말했다.[95]

그러나 신경제는 정권 출범과 함께 경제회생은 정권으로서의 해야 할 당면문제이다. 이러한 현실상황에서 김영삼과 박 수석의 뜻이 일치하면서 정권 초기부터 강력한 힘을 발휘하였다. 과천청사에서 신경제에 대한 내용을 모르게 된 것은 대통령과 경제수석의 일대일의 정책결정이었기 때문이다. 금융실명제 실시는 이와는 달랐다. 오히려 박 수석이 배제되고 부총리나 장관들이 대통령의 직접 지시나 보고를 통해 이루어졌다. 실명제의 구체적인 추진과정을 청와대비서 실장은 물론 경제수석도 후에 통보받았다.

실명제 정책결정과정이 경제수석이 배제되고 부총리를 비롯한 장관들을 중심으로 이루어진 것은 김 대통령의 독특한 리더십의 결과라고 할 수 있으며, 정책결정과정을 설명하는 데 대통령의 리더십이 적절한 분석도구라고 할 수 있다.

3. 여 당

김 대통령의 강력한 리더십은 집권당의 영향력을 약화시켰다. 여

---

95) 위의 글, p.200.

당은 선거에서의 재집권이 목적이기 때문에 정부의 정책에 대해서 깊숙이 관여하여 영향력을 행사할 수 있는 범위가 다른 정책행위자보다는 제한된다. 즉 집권당이 정부의 정책에 영향력을 행사하는 경우는 정책실시에 따른 국민들의 여론을 의식해야 하거나 심각한 정치적인 문제가 걸려 있고, 또한 자신들의 이익에 관련된 영역으로 제한된다.

집권 후 대통령의 정책은 주로 선거공약을 이행하는 것에 집중된다. 선거공약은 집권당의 공약이기도 하기 때문에 이러한 사안에 대해서는 여당이 많이 개입하게 된다. 그러나 대통령은 집권당의 총재이고 모든 정치적 역량과 재원을 소유한 최고의 정치권력자이기 때문에 여당으로서 정부의 정책, 특히 대통령의 의지가 실린 정책에 대해서 직접적이거나 정면에서 결사반대를 할 수 있는 입장이 못 된다.

따라서 여당인 민자당은 선거공약을 이행해야 한다는 부담을 가지고 있으면서도 금융실명 거래제 실시에 따른 경제적 충격을 우려하여 시기문제와 사전보완조치를 주장하면서 적극적인 입장을 보이지는 않았다. 따라서 청와대의 움직임에 편승하면서 소극적인 태도로 지원하는 자세로 일관하였다.

이와 같은 상황에서 금융실명 거래제는 김 대통령의 개혁조치의 일환이자 선거공약 중의 하나이다. 김 대통령은 금융실명제 실시가 모든 부패를 일소하고 개혁의 시작으로 보았기 때문에 역대 정권의 추진목적과는 많은 차이가 있다. 김영삼 정부의 금융실명제 실시는 경제적인 논리보다는 정치적인 논리에 무게가 실려 있었다. 또한 대통령으로서 꼭 해야 한다는 의지가 강하게 내포됨으로써 상대적으로 다른 행위자의 영향을 덜 받고 있다. 그러므로 여당이 실명제의 정책결정과정에서 영향을 준 것은 극히 제한적으로 작용하였다.

김영삼 정권의 금융실명제 추진에 대한 여당인 민자당의 반응은 1993년 대구동을과 춘천의 보궐선거 승리를 위한 정치상황변화의 수단으로 실명제 추진을 청와대에 건의하였고[96], 실명제에 대한 공식적인 입장을 피하였는데, 그 이유는 당이 보완책을 마련하는 활동과 긴급명령으로 발효된 실명제 법안을 대체입법으로 할 경우 국민의 사유재산권 침해에 대한 반발을 예상하였기 때문이다.[97] 대체적으로 실명제 실시를 해서는 안 된다는 식의 적극적이고 확실한 민자당의 입장표명을 피하고 실명제 실시에 따른 부작용을 주장하거나 실명제 실시에 따른 세원과 관련한 세율조정 등 제도적 보완을 주장하였다.

제3절 금융실명제 정책환경과 행위자

1. 정치상황과 행위자의 상호 작용

정권 출범과 동시에 시작된 개혁정책은 권위주의적 정치체제에 반하는 정치체제에 대한 폭 넓은 국민의 공감대와 함께 시작되었다. 이러한 개혁은 과거권위주의 정권에서 위축되었던 사회운동세력의 활동을 부추겼고, 사회운동세력의 지원은 개혁의 원동력이 되었다. 또한 이를 그동안 제도권으로부터 배제되었던 사회운동의 지지세력을 이용하여 반개혁세력을 약화시켰고, 이러한 상황을 김영삼 정부는 잘 활용하여 개혁정책을 강력하게 추진할 수 있었다. 따라서 김영삼 정부의 금융실명제 실시는 김 대통령의 정책의지와 경제민주화를 요구하는 사회운동세력 간의 조화라고 할 수 있다. 이러한 정치·

---

96) 한국경제신문, 1993. 8. 13.
97) 중앙일보, 1993. 8. 30.

사회적 구조는 그동안 재벌이 행사해 온 정치권에 대한 영향력의 약화를 가져왔다. 또 재산공개 등을 통한 일부 정치인, 공무원들의 비리와 정치자금 의혹으로 개혁에 대한 국민들의 폭넓은 공감대를 형성시킴으로써 전두환, 노태우 정권의 정치상황과는 달리 문민정부로서 체제정당성의 강화로 과거 두 정권에 비해 상대적으로 금융실명제의 당위성이 가시화되었다.

전·노 두 정권의 실명제 논의과정에서 금융실명제를 실시해야 할 동기와 목적은 돈세탁, 비자금조성, 뇌물수수 등 각종 탈법과 경제비리를 해결할 수 있는 수단으로 인식되었으며, 절대적인 해결책은 아니지만 금융실명제 실시만이 비리와 탈법행위를 근본적으로 방지할 수 있다는 의견도 국민들 사이에 지배적으로 확대되었다. 이러한 여론의 움직임과 함께 87년 대통령 선거공약으로 여야 모두가 목소리를 높인 이슈였음을 감안해 볼 때, 금융실명제의 실시는 국민들 사이에서 공감대가 형성되었음을 의미하는 것이다. 금융실명제는 전 정권과 노 정권을 거치면서 꾸준히 실시의 필요성이 제기되어 실시를 발표했다가 연기되는 과정을 겪었다. 5공 시절 '83년 7월부터 실명제의 전면실시'의 발표가 83년 12월 정기국회에서 금융실명제에 관한 법률이 수정통과 되어 시행이 무기연기 되는가 하면 87년 노태우 정부의 선거공약에 따라 89년 4월 재무부에 '금융실명거래 실시준비단'이 설치되고, 동년 10월 노 대통령은 91년 1월부터 실시하겠다고 발표했다가 다시 90년 4월 4일에 실시유보를 발표하는 과정을 거쳐 왔다.

그러나 김영삼 정부의 출범 후 개혁과 사정으로 인한 정치상황은 국민들의 폭 넓은 지지와 더불어 금융실명 거래제의 실시여건이 조성되어 김 대통령의 실명제 추진의지는 정권 이전보다 오히려 더욱 강화되었다. 현실을 잘 이해하고 대중의 힘을 통해 정치역량을 발휘하는 현상타파적인 정치관을 가진 김영삼 대통령의 리더십은 이러한 정치상황을 잘 활용하여 금융실명제를 풀어 나갔다.

김영삼 정권의 경제정책의 총지휘자인 박재윤 경제수석은 김 대통령의 정치적 의도를 전혀 이해하지 못했고, 오히려 사정과 개혁으로 위축된 투자 마인드로 인한 경제악화 등을 이유로 실명제 실시에 대한 반대의사를 가지고 김 대통령 실명제 정책의지에 접근했다.[98] 따라서 그는 경제정책의 핵심참모이지만 김 대통령의 정책의지에 반하는 세력에 대해서는 철저히 배제하는 독선적인 정치스타일로 직접적인 작업과 발표과정에서 배제되기까지 하였다.

신임 홍재형 재무장관은 정권출범 직후 93년 2월 26일 금융실명제 실시를 주장하면서도 방법과 시기는 신중히 고려되어야 한다고 언급하면서 김 정권의 경제정책의 근간인 신경제 5개년계획에서 실명제의 기본방향만 제시하며, 적극적인 입장표명은 하지 않았다. 2월 27일 이경식 부총리도 물가의 급등 등 경기가 계속 침체된 국면에 머무르자 시행에 신중함을 강조하면서 홍재형 재무장관의 주장을 도왔다. 이어서 4월 6일 정부와 민자당은 금융실명제 실시를 당분간 연기하자는 데 합의하고 연기를 공식화하였다.

그러나 노 정권의 실명제 시행연기 이후 지속적으로 시행을 주장해 온 경실련은 김영삼 정부가 공식적인 연기를 표면화하자 4월 30일 한국노총과 공동연대하여 경제개혁촉구 범국민대책회의를 구성하기로 합의하는[99] 등 실명제를 연기하는 데는 어려운 상황이 조성되었다. 따라서 현실정치가이자 대중의 힘을 잘 이해하고 관리할 줄 알며, 대중지향적 속성[100]을 가진 김 대통령은 7월 초 이경식 부총리에게 실명제 실시를 위한 작업을 강력히 지시하였다. 이어서 7월 9일에는 실명제 실시에 뚜렷한 반대의 인식이 없고 김 대통령의 지

---

98) 다큐멘터리 금융실명제, 한국경제신문, 1994. 8. 12.
99) 한겨레신문, 1993. 5. 1.
100) 김호진, 앞의 책, 1993, pp.665-669.

시에 순응할 홍 재무장관을 불러 이경식 부총리를 도울 것을 지시하
자 이 부총리와 홍 재무장관은 김 대통령의 의지에 적극 동참했다.
그리고 실명제 시행에 관한 정보로부터 비서실을 차단시키며[101] 김
대통령이 실명제 작업요원을 직접 차출하면서 비밀리에 작업을 마칠
것을 지시하였다. 한편 여당은 김영삼 정권 초기부터 실명제 실시가
공론화되어 있었기 때문에 전 정권과 같이 당에서 전혀 몰랐던 상황
은 아니었지만 김 대통령의 강력한 리더십에 반하는 입장을 표명하
기를 피했고, 실명제 실시에 대한 사전 보완조치와 시행 시기 조정
문제 등만을 의견으로 제시함으로써 실질적인 협조자세를 보였다.

2. 정권의 성격과 행위자의 상호 작용

군사정권의 단절과 민주화를 본격적으로 정착시키는 정권이라는
이미지로 출발한 김영삼 정권은 군사정권의 연속인 노 정권과의 연
대과정을 통해 수립되었기 때문에 정치적 정체성(political identity)에
는 다소 문제점을 내포하고 있었다.
그러나 금융실명제 실시를 위한 김영삼 정권의 성격은 문민정부로
서의 이미지 창출과 체제적 정당성이 강화된 정권이므로 높은 자율
성과 함께 금융실명거래제 실시여건은 정권수립 직전부터 무르익었
다. 증권투자가들을 비롯한 금융시장에는 금융실명제 조기 실시설이
루머로 나돌기까지 하였다. 그 내용은 "전두환·노태우 두 전임 대통
령이 실패한 경제개혁을 김영삼 차기대통령은 꼭 하고 말 것이다.
실시 시기는 집권초기가 적기다. 김 차기대통령의 측근인 전병문 차
기 청와대 정책수석이 집권초기의 개혁정책스케줄을 만들어 재가를

---

101) 다큐멘터리 금융실명제, 한국경제신문, 1994. 8. 13.

받았는데 청와대 비서진이 이미 실명제 준비 작업에 들어갔다.” 경제기획원과 재무부 등 경제부처 실무자들도 “금융실명제는 경제정책 차원을 넘어 이제는 정치·사회적 현안이 되어버렸다”며 “전격적으로 실시해야 부작용을 최소화할 수 있으며, 이는 두 번의 실패경험에서 얻은 교훈이다”라고 말하고 있다.[102] 모든 정책은 정부에서 시작하더라도 우선적으로 국민들이 추종할 때 성공이 보장되는데, 이렇게 김영삼 정권의 금융실명제는 개혁에 대한 공감대 형성과 함께 정권 출범 직전부터 실시가 예측되었다.

이러한 사회적 분위기로 김영삼 대통령도 개혁을 성공으로 유도하기 위한 선행조건으로 금융실명제를 꼽았다. 그것은 음성적 정치자금의 수수를 방지하고 정치에 대한 재계의 영향력을 약화시켜 정권의 자율성을 확보하는 등의 방법으로 자신의 개혁을 강화시켜 나가고자 했기 때문에 실명제의 실시가 정치적인 측면이 강조된 것은 당연하다.

이렇게 정권 출범 전부터 거침없는 추진이 예상되던 금융실명제가 조기 실시될 것이라는 예측을 뒤엎고 출범 직후 신중한 실시 쪽으로 방향을 잡고 있었다. 반드시 실시는 임기 중에 하되 그 실시시기를 확정짓지 못하고 사실상 연기의 방향으로 잡혀 나갔다. 특히 경기에 주는 부담을 극소화한다는 차원에서 “국민에게 부담을 주는 급속한 개혁을 피해서 가라”는 현실주의적 대중지도자인 김영삼 대통령의 주문이 결정적인 영향을 미쳤을 것으로 보인다.[103]

그러나 역대 정권에서 목적에 있어서는 다소 차이가 있지만 어떤 이유에서든지 금융실명제 실시의 필요성은 있었다. 정치적 목적 외에 김영삼 정부에서도 경제상황의 위축에 따른 경제회생을 위한 근본적인 해결책이 필요했다. 경제개혁과 성장을 추구하고자 내세운

---

102) 한국일보, 1993. 2. 20.
103) 매일경제신문, 93. 3. 16.

‘신경제’ 정책은 80년대 말의 침체된 경제상황의 영향으로 92년에는 경제성장률 4.8%, 물가상승률 4.5%, 경상수지적자 46억 달러를 기록했다. 김영삼 정권의 ‘신경제정책’은 재정, 세제, 금융, 경제행정규제, 의식개혁 등을 말하는 것인데,[104] 이를 뒷받침하기 위해 93년 3월 22일 ‘신경제 100일 계획을 발표하여 경기부양에 주력하였다. 그러나 경제성장률은 지난 11동안의 최저치인 3.8%에 불과하였고, 개혁과 사정으로 인한 기업의 투자위축으로 구조적이고 근본적인 경제개혁의 필요성을 실감하게 되었다.

부패한 정치를 개혁하여 정치적인 입지를 확고하게 구축하려는 문민정부의 성격을 확고하기 위해 금융실명제 실시가 추진되었지만 현실적인 경제상황이 조금은 부추겼다고 볼 수 있다. 이에 이경식 부총리와 홍재형 재무장관도 경기활성화가 신정부의 최대 현안과제이며 경기부양을 위한 ‘신경제 백일계획’이 끝나기 전에 금융실명제의 실시는 맞지 않기 때문에 시기와 방법에 있어서는 신중해야 한다고 입장을 밝히면서 김 대통령의 주장을 뒷받침했다.

한국병의 치유를 위해 개혁을 앞세운 김영삼 대통령은 평소 박정희 군사정권과 유신정권에서 보여준 비민주적 제도와 정경유착으로 인한 부패척결로 민주주의의 회복과 민주적 정권교체를 염원하였다.[105] 이러한 정치관이 작용하여 어떠한 정치자금도 절대로 받지 않을 것이라고 천명함으로써 과거에 있었던 정권과 재벌 간의 정치자금으로의 연결고리를 차단하겠다는 의중을 밝히자 재벌들은 당황하게 되었다. 음성적 정치자금의 근절은 대통령의 자율성을 크게 확대시키고 재벌들의 정책과정에 대한 입김을 약화시킬 수가 있기 때문에 금융실명제 실시여건조성에 기여할 수 있었다.

---

104) 동아연감, 1994, pp.83-84.
105) 김영삼, “심각한 정치불신”, 「월간중앙」, 1974년 1월호, pp.193-194와 “선명야당의 길”, 「월간중앙」, 1979년 7월호, pp.92-95.

김영삼 대통령은 더욱 기업으로부터의 자율성을 보장받기 위하여 재벌그룹의 계열사를 중심으로 11개 건설업체에 대한 공정거래법 위반여부에 대한 심사가 진행되었고, 상호지급보증 및 출자한도 규제, 재벌의 소유집중 완화 등에 대한 정부의 방침을 계속 발표, 시행하였다.106) 이러한 조치로 정당성의 시비와 도덕성으로 인해 정권이 도전받지 않음으로써 자율성을 갖게 했다.

정권의 성격과 인과성을 갖고 있는 김 정권의 정무관료의 구성은 김 대통령의 의지가 반영되어 문민정부의 성격을 더욱 부각시키기 위해 군 출신을 철저히 배제하고 정치·도덕적으로 깨끗한 인사를 인선하기를 원했다.107) 이는 전 정권에서 군 출신이 전체충원의 21%, 노 정권은 13%였고, 김 정권에서는 6%로 현저히 감소하였다.(표 5-1)

정권의 핵심세력의 특성은 김영삼 대통령의 의도에 따라 개혁성향의 인사들을 임용하였고, 이들 또한 김 대통령의 개혁의지를 추종하는 정책행위를 했는데, 이들의 개혁성향이 원인이 되기도 하지만 금융실명제 정책결정에서 김 대통령의 독선적인 성격과 정치스타일에 의한 리더십 때문에 김 대통령의 결정에 순응하는 정책행위를 나타냈다. 즉 김 대통령이 정책행위자보다 먼저 금융실명제에 대한 강력한 리더십을 나타내자 정책행위자들은 오히려 김 대통령의 의지를 더욱 강화시키는 자세를 보였다. 93년 6월 29일 이경식 부총리가 실명제 조기실시를 처음 진언할 때도 오히려 김 대통령의 의도를 잘 알고 있었기 때문이다. 김 대통령이 문민정부의 능력과시 등 신속히 빠른 시일 내에 실명제를 실시하고자 했기 때문에 이 부총리 또한 "각하 8월 말까지 실명제를 해치워야 합니다. 그 이유는 실명제를 실시하지 않으면 사정과 재산공개, 정치자금 수수거부선언 등 각종 개혁조치에도 불구하고 9월 정기국회 때 재야와 야당이 정치공세를

---

106) 동아연감, 1994. pp.30-34.
107) 조영권, "YS를 보좌하는 사람들", 주간 「매경」, 1995. 2, 18, p.34.

펼 것입니다. 그러면 이제까지 개혁업적이 크게 퇴색하게 됩니다. 만약 실명제를 94년쯤 실시하면 후유증 치유에 1년 이상 걸리므로 임기 말에는 아무 것도 할 수 없게 됩니다. 그렇게 되면 결국 각하는 재임 중 아무런 경제적 치적을 거둘 수 없으며 '경제대통령'이라는 평가도 포기해야 합니다."라고[108] 조언하였다.

(표 5-1) 김영삼 정권초기의 부문별 엘리트 충원현황(1993. 2. 25)

(단위: %)

구 분		부문별 엘리트 충원				
		행 정	민 선	비민선	혼 합	사 법
전 직	학 자	16	0	0	0	0
	관 료	51	0	0	14	0
	정치인	3	0	0	29	0
	군 인	6	0	0	14	0
	언론인	9	0	0	14	0
	법조인	10	0	0	29	0
	경제인	1	0	0	0	0
	기 타	3	0	0	0	0
	합 계	100(87)	0	0	100(7)	0

자료; 안병만, 앞의 책, pp.267-269.

김 대통령 취임 직후 금융실명제 실시검토가 경제참모들의 경제회복의 우선을 주장하면서 조기시행에 반대하자 김 대통령도 임기 내에 실시하겠다고 태도를 바꾸었을 때, 93년 2월 26일과 27일 홍재형 재무장관도 이경식 부총리와 함께 실명제의 시기와 방법은 신중히 고려해야 한다고 했다. 그러나 현실적인 정치감각이 뛰어난 김 대통령은 혼자 결정하는 습관과 끈질기게 목적을 성취하려는 정치적 기

---

108) 동아일보, 1998. 4. 8.

질로 실명제 실시에 대한 결심을 굳혀 이 부총리에게 6월 29일 금융실명제의 조기실시와 추진작업에 대해 신속함과 비밀을 지킬 것을 지시하였다. 이 부총리는 김 대통령의 지시에 따라 실명제에 회의를 갖고 있던 박 수석을 배제시키고 홍 재무장관과 함께 한 팀이 되어 실무요원을 차출하면서 비밀리에 본격적인 작업에 들어가는 독특한 정책결정의 특징을 보였다.

3. 정권의 이해관계와 행위자의 상호 작용

김영삼 정권은 군부정치의 청산과 이전의 정권에서 발생한 여러 가지 불합리한 관행과 부패한 정치를 개혁함으로써 이전 정권과의 단절을 추구하는 정권의 이해관계가 나타났다. 따라서 공직자윤리법을 개정하고 공직자 재산공개(표 5-2)를 통해 현역군인에게도 적용하였고, 부패한 정치인을 척결하였다.

(표 5-2) 공직자 재산공개 현황

금 액 \ 구 분	입법부	사법부	행정부	선관위	헌법재판소	계
100억 원 이상	11	0	0	0	0	11
50-100억 원	19	8	7	0	0	34
10-50억 원	124	86	191	4	7	412
5-10억 원	59	36	267	1	3	366
1-5억 원	94	27	239	13	1	374
1억 원 이하	18	1	5	1	0	25
계	325	158	709	19	11	1222

자료: 동아연감, 1994.

또한 대선 당시와 정권 초에 계속해서 강조한 김영삼 대통령의 정치자금의 수수근절은 재벌들의 영향력을 약화시키고 금융실명제 정책실시를 위한 강력한 정책의지의 표현으로 해석된다. 이렇게 금융실명제는 김영삼 정권의 정치적 당위성을 과시하고 앞서 논의한 이전의 두 정권의 정치적 부도덕성과 모순들을 제거함으로써 문민정부로서의 강력한 개혁을 통하여 정부의 정당성을 추구하고자 진행되었다. 김 정권은 문민정부로서 민주적이고 합법적인 절차와 제도를 강조하면서도 현실적으로는 김 대통령 개인적 이해관계가 정책결정과정과 정책의 내용, 그리고 성격을 결정하였다. 금융실명제 정책추진도 이러한 논리로 설명이 가능하며, 정책행위자들의 특별한 이해관계는 없었고 순수한 김 대통령의 개인적 정치목적과 이해관계에 의해 진행되었다.

1993년 7월 20일 이경식 부총리의 금융실명제 계획보고에서 김 대통령은 이 부총리에게 "이 부총리 김 모 의원 알지요. 그 사람 92년에 D그룹에 땅을 팔았어요. 그 돈이 어디 있는지 알아 볼 수 정도로 실명제를 하세요"라고[109] 말한 점으로 보아 김 정권의 실명제에 영향을 준 정권의 이해관계가 김 대통령의 개인의 이해관계로 이루어졌다는 것을 명확히 설명해 주고 있다. 그리고 김 대통령의 혼자 생각하고 혼자 결정한 후 이를 참모들에게 확인하는 성격을 바탕으로 한 리더십에 의해 김영삼 정권의 실명제 결정과정의 특징이라 할 수 있다. 93년 6월 29일 김 대통령과 이경식 부총리의 정례 독대 자리에서 실명제 실시에 대한 진지한 논의자리에서도 정치적 목적을 달성하려는 김 대통령 특유의 정책결정과 추진방식이 나타났다. 이 자리에서 김 대통령은 "세 가지 원칙을 지킵시다. 빨리, 완벽한 내용, 그리고 보안이오, 한꺼번에 실시합시다. 역시 대통령 긴급명령밖

---

109) 동아일보, 1998. 4. 8.

에 없어요."라고 말했다.[110]

 이러한 김 대통령의 이해관계를 기초로 한 리더십이 금융실명제 실시를 위한 준비과정에서 많이 나타났다. 비밀을 중시하는 그의 특성은 30년간의 군사정권과의 투쟁과 정치역정에서 학습된 결과이다. 즉 비밀이 누설되어서 정치생명을 잃어서는 안 되며 과정에서 반대파의 저항을 피하기 위해서다. 이러한 김 대통령의 리더십은 소수 반대파의 의견을 무시하고 이들의 영향력을 배제시키기 위해 비밀리에 추진시켰고, 정책의 효과증대를 위해 전격적으로 실시하였다.

 금융실명제 정책결정단계에서 실무작업에 필요한 인력을 직접 동원하여 비밀 통제의 용이성을 기하였고, 비밀을 생명으로 여기는 김 대통령은 웬만한 일은 차남 현철 씨에게 의논하면서도 금융실명제에 대해서는 철저하였다. '비밀은 가족에게도 지켜야 한다'는 그의 보안의식으로 차남에게 한 마디도 의논하지 않았다.[111]

 그리고 이 부총리가 KDI팀이 기초한 실명제 시행방안을 김 대통령에게 보고하는 자리에서 반대의사를 가지고 있는 박재윤 경제수석을 배제하고 자신의 독단적인 결정과 정책추진을 위한 소수의 추종세력을 중심으로 움직였다. 98년 7월 8일 이경식 부총리는 김 대통령에게 이렇게 보고했다. "각하, 박관용 비서실장과 박재윤 경제수석, 홍재형 재무장관 세 사람은 알아야 일이 추진되겠습니다." 그러나 김 대통령은 "박 실장과 홍 장관에게는 직접 알리죠. 박 수석은 생각이 좀 다른 것 같아요. 박 수석에게는 알리지 마세요."라고 지시했다.[112] 또한 비밀을 유지하기 위해 별도의 모임장소를 설정하는

---

110) 동아일보, 1998. 4. 3.

111) 현철 씨가 실명제 실시 직후인 93년 10월 안기부 계좌를 이용해 대선 당시 쓰고 남은 비자금 50억 원을 변칙으로 실명전환한 사실이 검찰수사에서 밝혀진 것으로 보아 김 대통령이 금융실명제에 대한 비밀유지에 얼마나 신경을 썼는가를 잘 말해주고 있다.(동아일보, 1998. 4. 3 참조)

등 치밀함을 보였는데, 서울 강남구 대치동 휘문고 옆 금자탑 빌딩 2층에 '국제투자연구원'이란 유령연구소를 개설하였다. 이 연구소의 팀은 홍재형 재무장관, 김용진 세제실장, 김진표 국장, 임지순·진동수 실무과장, 백운찬 사무관으로 구성되었다. 또한 재무부 팀은 과천 주공아파트 505동 304호를 비밀작업장으로 정하고 철저히 비밀을 통제하여 실명제 추진작업이 진행되었다. 출입기자의 눈을 피하기 위해 기획원과 재무부, 한국은행의 연결라인을 이용하지 않았으며 이경식 부총리는 가족도 피해가며 옆집에서 KDI팀과 회동할 정도로 철저히 김 대통령을 추종했다.113)

실무작업 중 보안유지를 위해 있었던 또 하나의 에피소드가 이를 반증하고 있다. 93년 8월 초 재무부 임지순 세제실 과장은 부인에게 전화를 걸었다. "여보, 지금 어디 계시는 거예요." "미국 뉴욕의 조그만 호텔이오." 임 과장은 사실 과천 아지트에서 전화를 건 것이었지만 부인에게는 미국에 출장 간 것으로 되어 있었다. 임 과장은 출장명령을 받고 짐을 챙겨 사무실에 나갔다가 백모 사무관의 르망승용차로 김포공항으로 가던 중 공항입구에서 갑자기 과천 아지트로 납치되어 버린 것이다.114) 이렇듯 김영삼 대통령을 중심으로 보안이 철저히 지켜지며 금융실명제 실시를 위한 작업이 진행되었다. 이러한 전격적이고 불합리한 추진스타일에 실무 팀 모두 김 대통령의 정책의지에 반하는 인식과 정책행위를 하지 않았다.

반면에 금융실명제 추진과정에서 배제된 박재윤 경제수석은 이러한 비밀작업 과정을 전혀 눈치 채지 못하고 김 대통령에게 실명제 실시 시행 시기를 94년으로 미루겠다고 보고하였다. 이에 긴급명령을 발표하기 전까지도 비밀을 유지하기 위해 박 수석에게는 지금은

---

112) 동아일보, 1998. 4. 3일자 참조.
113) 동아일보 1998. 4. 3.
114) 동아일보, 1998. 4. 3.

실명제 실시를 논의할 시기가 아니고, 오해의 소지가 있으니 보고서를 모두 파기하라고까지 지시하는 등 자신의 뜻과 다른 사람은 누구든지 배제시켰다.

이렇게 당시 박재윤 경제수석과 청와대 금융실명제 담당자인 이영탁도 모르는 상태에서 자신이 선정한 이경식 부총리, 홍재형 재무장관을 중심으로 하여 몇몇에게만 지하여 준비가 이루어지게 하였다.115) 이는 금융실명제 실시의 방안과 시기를 비밀로 함으로써 실시 이전부터 발생할 반대세력의 영향력을 배제하고 정책효과를 극대화하기 위한 것이다. 김영삼 정권의 금융실명제 결정과정은 이렇게 이루어졌다. 김영삼 정권의 성격은 민주화와 개혁을 주도한 정권으로서 정책을 추진할 수 있는 정부의 자율성이 매우 높았지만 김 대통령이 금융 실명제를 비밀리에 추진한 것은 김 대통령의 오랜 정치과정에서 학습된 정책결정의 폐쇄성에서 비롯된 그의 특유한 리더십에 의한 결과이다.

그의 성격은 정책의 효과를 극대화시키기 위해 비밀리에 추진해서 갑자기 발표하는 방식을 즐겼으며, 이를 달성하기 위해서는 자신의 의중을 잘 이해하고 보좌할 수 있는 핵심인물하고만 상의한다. 이런 방법으로도 금융실명제를 실시해야 하는 이유는 그의 깨끗한 정치문화 건설과 같은 정치신념 달성과 역사에 오래 남는 대통령이 되고자 하는 정치관이 작용하였고, 무엇보다도 옳다고 결심한 일에 대해 끝까지 달성하려는 승부사적이고 성취지향적인 리더십116)에 의해 김영삼 정권의 금융실명제 결정의 내용이 이루어졌다.

---

115) 홍건희, "실명제를 만든 사람들", 「신동아」, 1993년 10월호, 235.
116) 김호진, 앞의 책, 1993, pp.667-669.

제4절 금융실명제 정책결정의 특성분석

군부정치의 종식을 이루어낸 것에 대한 자신감으로 시작한 김영삼 문민정부는 개혁분위기를 바탕으로 깨끗한 정치풍토를 정착하겠다는 의지의 실현이 강한 김 대통령 성취지향적 리더십이 작용하여 금융실명제는 어느 정권에서보다도 강하게 추진되는 정책결정의 특징을 가지고 있었다. 특히 금융실명제 정책추진은 정치권은 물론 재계에게 미치는 영향이 크기 때문에 재계의 반대가 있을 수 있지만 김 대통령이 기업으로부터 어떠한 정치자금도 받지 않겠다고 천명함으로써 김 정권의 실명제 정책의지는 엄청난 힘을 발휘할 수 있었다.

김영삼 정부의 실명제 정책추진은 개혁차원에서 김 대통령의 확고한 정책의지와 경제민주화를 요구하는 사회운동세력이 가세하여 실명제 실시의 정당성이 부여되었다. 다시 말해서 과거 정권에서 문제시되어 왔던 정치인과 공무원들의 비리와 음성적인 정치자금으로 인한 정경유착은 정권의 도덕성을 의심해 왔지만 정경유착을 척결하겠다는 대통령과 정부의 의지는 정부가 재계로부터 자율성을 강하게 확보함으로써 실명제가 돈세탁, 비자금조성 등 탈법과 경제비리를 방지하는 하나의 수단으로서 국민들의 폭넓은 공감대가 형성되었기 때문이다.

사정과 개혁으로 인한 국민의 지지는 김 정권이 경제개혁으로 추진한 신경제 5개년 계획과 함께 김 대통령의 실명제 정책의지를 더욱 강화시켰고, 김 정권이 내세운 실명제 실시 선거공약의 이행을 부담으로 가지면서도 실명제에 대한 회의를 가진 경제사령탑인 박 수석을 배제시켰고, 홍 재무장관, 이경식 부총리는 김 대통령을 강하게 추종한 정책행위자들이었다. 이들은 김 대통령의 비밀스런 실명제 추진 작업을 전격적으로 추종하였다.

체제적 정당성이 확보된 김영삼 정권은 정당성 미흡이나 정권의 정치적 부도덕성으로 인한 체제도전세력의 저항은 거의 없었다. 오히려 개혁정치에 대한 국민으로부터 지지를 받는 정치상황이 형성되었다. 그리고 정권의 성격이 과거 두 군사정권이 갖는 체제적 정당성의 시비가 없었기 때문에 안정된 정치상황에서 경제논리로 접근한 박 수석을 제외한 정책행위자는 실명제 정책추진에 순기능적 역할을 하였다. 또한 김 대통령의 실명제 정책의지와 문민정권의 성격으로 충원된 관료 중 실명제와 관련된 정책행위자들이 개혁적인 특성을 가진 인물들로서 김 대통령과 정책결정과정에서 김 대통령의 의지를 추종하는 참모로서 상호 작용을 했다는 점이 매우 중요하다.

93년 7월 20일 이경식 부총리의 실명제 계획보고에서 김 대통령이 생각한 실명제 정책추진의 목적이 잘 나타나 있듯이 정책추진의 결과가 음성적이고 불로 소득을 취한 일부 정치인에 대한 정치척결의 의사가 내포되어 있었다. 이렇게 김영삼 정부의 금융실명제 정책추진 목적과 정책결정과정에서 전두환·노태우 정부와 큰 차이가 있다. 그것은 이미 김영삼 대통령이 취임하기 전부터 정경유착에 따른 재계로부터의 음성적 정치자금의 수수, 지하금융과 일부 정치인들의 금융비리에 대한 척결의지를 갖고 있었다. 이렇게 정치적 목적이 두드러지게 나타난 김영삼 정부의 금융실명제는 재임 시 전·노 대통령의 비자금과 연계해 생각해 볼 때 얼마나 정치적 목적이 강했는지를 알 수 있다.

정권의 이해관계도 안정된 정치상황과 김 대통령의 정치이념이 강하게 나타났기 때문에 정치보수성향에 관련된 정치적 이해관계가 없었다. 따라서 금융실명제 정책을 추진하게 된 동기와 정책결정과정의 특성은 실명제를 요구하는 상황과 김 대통령의 개인적·정치적 이해관계가 크게 작용하면서 정책행위자들의 순기능적 기능은 과감성 있게 추진하는 김 대통령의 리더십을 바탕으로 형성되었다. 즉 개인의 정치신념인 음성적 정치자금 수수의 근절을 통한 깨끗한 정치풍토 구현을 달성하기 위한 정책추진이었다.

따라서 앞의 두 정권에서 정권의 이해관계가 정책행위자들의 정책행위에 많은 영향을 주었지만 김 정권에서는 참모들과 정치기득권 세력이 정권유지를 위한 정치자금의 확보와 음성적 자금의 투명성이 문제가 되지는 않았다. 김 대통령이 실무 팀을 직접 인선하고 추진하기 전까지 실명제 추진 초기에 백지화나 실시 연기 등의 주장이 나온 것도 경제 관련 참모들이 금융실명제를 경제와 관련시켰고, 특히 박재윤 경제수석은 실명제 실시로 인한 경제적 부작용을 우려했기 때문이다. 김영삼 정부가 수립되면서 그동안 침체되었던 경기부양을 최대 현안으로 인식하고 있었기 때문에 경기회복의 불투명과 물가의 급등 등 경제사정이 호전되지 않음에 따라 금융실명제 추진 연기의 당위성에서 나온 것이다.

금융실명제의 추진을 연기하는 대신 정부는 경제활성화를 위해 '행정규제완화 특례법'을 임시국회에서 제정하기로 합의하는 등 기업에 대한 행정규제 완화조치를 취하기로 했다.[117] 이만큼 김영삼 정부의 금융실명제 추진은 앞의 두 정권에서 보여 준 정치자금 확보와 정권의 정치적 이해관계로 수석과 장관, 여당이 정책행위자로서 작용하지 않았다. 김 대통령의 정치적 의도로 철저하게 추진됨으로써 정책추진에 우호적이지 않았던 박 수석이 철저히 결정과정에서 배제되고 경제정책과 금융실명제 추진의 핵심이었던 홍재형 재무장관과 이경식 부총리는 이해관계를 가지고 정책결정에 참여한 것이 아니라 김 대통령의 참모로서 역할을 수행하였다.

여당인 민자당에서의 정치적 이해관계도 거의 표면적으로 나타내

---

117) 중앙일보, 1993. 5. 7.

지 않았으며 실명제 실시에 긍정적인 자세를 보였는데, 김 대통령의 강한 리더십에 특별한 반대 입장을 가질 수 있는 분위기가 형성되어 있지 않았다. 따라서 실명제를 지지하면서 단지 경제적 충격을 최소화하기 위한 조건으로 사전 보완조치와 시행시기를 조정해야 한다고 주장하였고 오히려 조기실시를 제시하였다. 또 당의 주장이 지나치게 작용하여 정책효과 저하에 대한 책임이나 실시에 따른 부작용을 회피하려는 태도를 보임으로써 정책의지는 약했고, 정부의 입장에 수동적이었다고 볼 수 있다.118) 이러한 태도를 취한 첫 번째 이유는 개혁에서 파급된 공직자 재산공개는 민자당 내의 부정의원들에게 큰 충격이 되었다. 재산공개로 민자당의원 4명의 사퇴와 4명의 탈당의 결과를 가져왔고, 계속되는 사정 분위기로 당의 정책활동기능과 영역이 크게 위축되는 것을 원하지 않았기 때문이다. 두 번째 이유는 당총재인 김 대통령의 정치적 위상을 제고하기 위한 분위기로 정부정책과 김 대통령에 대한 반대할 수 없는 입장에서 절대적인 지지세력으로서의 존재가치를 부여받도록 압력을 받고 있었기 때문이다.

정책결정과정에서 특징적으로 나타난 준비작업은 일부 반대세력을 배제하기 위하여 비밀리에 추진하고자 한 것은 앞서 논의되었지만 김 대통령의 독특한 리더십에 기인한다. 한마디로 정상적인 정책결정의 절차는 완전히 무시된 결정방식과 추진이 이루어졌다. 참모들에 대한 일방적인 지시와 정책추진 팀을 직접 인선하였고, 김 대통령의 철저한 통제하에 이루어졌으며 처음부터 끝까지 직접 확인하고 감독하였다.

정책발표도 전격적으로 발표하고 일시에 추진하는 것이 반대세력들이 반대할 수 있는 여유를 주지 않고 정책목표를 달성할 수 있다고 굳게 믿고 있는 김 대통령의 리더십이 완벽하게 작용하였다. 비밀은

---

118) 이재웅, "경제정z책", 「대통령과 국가정책」, 한국정책학회편, (서울: 대영문화사, 1994), pp.140-151.

기본적인 요소로서 작용하였고, 앞에서 기술한 바와 같이 공개되지 않은 장소에서 비밀리에 추진되었다. 따라서 정책행위자들은 노 정권에서와 같이 대통령이 우유부단하거나 정책의지가 불명확하지 않았기 때문에 발생할 수 있는 행위자들이 반대주장을 할 수 있는 여건이 허락지 않았으며, 또 경제논리 측면에서 실명제 실시를 부정적으로 생각하고 있는 박 수석을 제외하고는 정책행위자들의 반대세력도 없었다. 이러한 김영삼 정권의 금융실명제 정책결정의 특성은 처음 논의에서부터 김 대통령의 리더십이 강하게 작용하는 가운데 실행이 될 때까지 정책결정이 일관성 있게 유지되었다는 점이다.

제 6 장

결론: 요약과 한계

정책결정에서 점차 대통령의 역할과 영향력이 과거와 비교해 볼 때 상대적으로 축소되는 추세로 변화되어 가고 있지만 아직까지도 대통령의 권한과 영향력은 크게 작용하고 있다. 그러나 사회는 각 분야별로 세분화되어 가고 다원화되면서 전문성의 정도도 강화되고 정치과정은 전문성을 가진 여러 역할들에 의해서 담당되며, 사회 내의 이익세력의 성장과 더불어 대통령의 영향력의 축소와 함께 투명한 정책결정과정을 요구하게 된다.

정치적 안정과 함께 경제적 안정은 어느 정권에서 공통적으로 추구하는 목표라고 할 수 있다. 특히 정권의 정당성 확보라는 가장 중요한 정치적 핸디캡을 경제성장을 통해서 만회하려 했던 군사정권이나 문민정부에서도 경제발전은 가장 큰 과제이기 때문에 경제수석의 비중이 크다고 할 수 있다. 또한 대통령이 경제전문지식이 부족하기 때문에 대통령과 밀접한 관계가 형성되고 경제수석의 영향력은 대통령 다음으로 강력할 수밖에 없다. 그러나 전두환 정권에서 정치적 안정을 위해서는 민정, 정무수석 등이 대통령에게 많은 영향력을 행사한 것은 집권과정에서 정치적 생명을 같이 하면서 정치적 인맥을 바탕으로 한 집단화 과정이 이들의 입지를 강화시킨 것이다.

대통령의 수석비서관이란 대통령의 비서로서 정책을 집행하는데 대통령을 뒷받침하는 역할에 머물러야 하고 얼굴과 목소리가 나타나지 않아야 한다는 것이 정책을 담당하는 사람들과 수석비서관들의 생각이다. 경제수석의 경우 경제부총리나 경제장관을 영향력에 있어서 앞지르는 것이 우리의 현실이다. 더욱이 어떤 이유에서든지 우리의 정책방향은 경제성장이 정책의 제1순위이다. 이 같은 현실은 대통령의 신임과 함께 경제수석의 비중이 확대됨을 의미한다. 역대 정권에서 대통령의 신임을 받아 경제 분야를 좌지우지했던 경제수석은 예외 없이 경제를 일일이 챙기며 추진력을 발휘했다. 대통령의 정치적 바람막이 역할을 하는 사람들이 비서실의 수석들이다.

이와 같은 대통령과 수석비서관들의 관계는 세 대통령의 금융실명거래제 시행의 전반에 걸쳐 실명제의 결정과정에서 대통령의 정책의지와 함께 상호 작용하였다. 상대적으로 장관들은 집행수준에 머물렀고, 대통령의 신임이 두터운 장관은 어느 정도 대통령의 결심에 영향을 주었지만 전반적으로 그 힘은 미약하였고, 대통령의 지시에 적극적으로 이행하는 일반적인 관료로서의 특성을 잘 나타냈다. 여당의 입장에서는 정치적인 차원에서 반대의 표시를 나타내지만 대통령의 의지를 전면적으로 바꾸는 데는 한계가 있었지만 대통령의 리더십에 따라 차이가 있으며, 때로는 정권의 이해관계가 민감한 정권에서는 대통령의 리더십에 상호 작용하는 경우도 있었다.

전두환 정권은 권위주의적인 군사정권으로서 체제적 정당성의 미흡이 심각한 체제였으며, 국민에 대해 억압으로 일관된 통치방식을 취했다. 금융실명제 추진목적은 순수한 경제정책의 일환이 아니라 이·장 사건과 친인척 비리로부터 발생한 정권의 비도덕성의 심화로 인한 체제위기 극복을 위한 수단으로 경제 각료의 제안으로 시작되었고 전 대통령은 정치적으로 과감하게 단행하였다. 이러한 상황하에서 실명제가 결정되었으나 항상 체제에 대한 도전으로부터의 방어와 정권유지, 재집권을 위한 수단이 바로 정치자금이었으며, 결정과정에서도 정권의 이해관계가 정책 환경으로 작용하여 전 대통령의 리더십에 정책행위자들이 반대의사를 가지고 상호 작용하였다. 다시 말해서 군사정권의 성격으로 인해 군인출신 정치인과 보수적 정치세력이 정당성의 미흡을 확충하는 과정에서 정치자금과 관련한 이해관계가 첨예하게 나타났다.

경제지식이 부족한 전 대통령을 정책적으로 보좌하는 경제수석의 실명제 제안은 전 대통령의 리더십을 강화시켜 7·3조치로까지는 진행되었으나 정치적 보수 세력들의 끈질긴 반대설득으로 전 대통령은 이들의 반대의견을 수용할 수밖에 없었다. 정책결정의 핵심인 전 대통령은 결단력과 추진력을 가지고 있었음에도 불구하고 실명제 정책을 추진하지 못하고 보수세력들의 반대의견을 수용하여 철회로 끝난 정책결정의 특성을 나타낸 것은 정권의 성격과 이해관계와 연결된 전 대통령의 리더십 때문이다.

노태우 정권의 정치체제는 전두환 군사정권으로부터 배태된 민주화로 전환되는 과도기적 정부의 특징을 갖고 있었다. 그리고 실명제 정책에 대해서는 정치적 또는 경제적으로나 뚜렷한 추진목적이 없었고, 자신이 국민과 약속한 선거공약의 이행차원에서 정치상황에 적절하게 대처하는 수준에서 진행되었다. 정책결정과 추진방식 그리고 정책행위자의 특성과 역할은 노 대통령의 우유부단하고 상황에 따라 편승하여 대처하는 리더십과 인과관계를 갖고 있다. 이러한 노 대통령의 리더십은 실명제 실시여건이 조성되었을 때는 강한 태도를 취했다가도 참모들의 상반되는 주장에는 또다시 결정을 번복하는 모습을 보였다.

또한 정권의 주체세력인 경제개혁세력과 정치보수세력 간에 실명제 추진에 대한 의견차이가 나타났으며, 전 정권보다는 상대적으로 미약했지만 정권의 이해관계에 관련된 정치자금 조달과 개인재산 축적에 관련된 노 대통령 개인의 이해관계가 작용하면서 상황 적응적이고 현실에 안주하는 노 대통령의 리더십 때문에 논의와 결정의 번복이 계속 반복되면서 끝내는 연기로 종결된 정책결정의 특징을 보였다.

김영삼 정부의 실명제 정책결정은 정책추진목적이 정치적인 것으로 명확하였고, 정치상황도 정부의 정책을 지지함으로써 상황 면에서의 실시여건이 가장 좋았다고 할 수 있다. 정권의 이해관계는 정경유착의 고리를 끊고 깨끗한 정치를 이루겠다는 최고 지도자의 의지가 강하게 작용함으로써 전·노정부와 같이 정치자금으로 인한 정권의 이해관계가 작용하지 않았다. 그러므로 김영삼 정권의 정책행위자들의 특정한 이해관계는 작용하지 않았다. 그러나 실명제 정책결정의 방향을 좌우한 요인으로 강하게 표현된 김영삼 대통령 개인의 이해관계가 있었다고 할 수 있는데, 그것은 비리 정치인의 재산공개 등 개혁과 연결된 정치적 목적달성이라고 볼 수 있다. 김영삼 정부는 과거 군사정권에서 완벽하게 탈바꿈한 문민정부로서 국민들로부터 더욱 강한 정부의 정당성 확보와 일련의 개혁과 사정 추진이 정부의 자율성을 높였다.

정책결정과 추진과정에서 반대에 부딪치면서도 끝까지 초지일관하게 실명제를 강행한 것은 도전적이고 현실모순을 해결하려는 과업성취적 김 대통령의 리더십에 기인한다. 이러한 리더십 때문에 정책행위자들도 김 대통령의 강한 의지와 추진방식에 반대할 기회도 갖지 못하고 정책이 그대로 김 대통령의 의지대로 추진되었다. 한 마디로 반대의사를 가진 정책행위자들의 특성과 역할이 김 대통령의 리더십에 의해 작용하지 못했고, 추종자들은 김 대통령의 리더십을 더욱 강화시키는 역할을 했다고 분석된다.

그렇다면 전두환 대통령과 김영삼 대통령 모두 결단력과 추진력이 있는 리더십이라고 볼 수 있는데, 김 정권은 실명제 실시가 가능했고, 전 정권은 실시하지 못했는가? 이 두 대통령의 리더십에 있어서

약간의 차이점을 발견할 수 있다. 전두환 대통령도 소수 관련참모와 결정하고 전격적으로 실시했지만 전 대통령은 참모들의 조언을 수용하는 편이었으며, 개혁적 노력이 부족한 성향을 가졌기 때문이다.

김 대통령의 경우는 금융실명제 실시가 개혁적인 개인의 정치철학의 수준으로 확고하였으며 다른 정책행위자들도 개혁을 지지하는 분위기가 함께 작용하였다. 또한 공개적인 정책결정으로 인하여 발생하는 반대세력을 철저히 배제할 수 있었고 비밀을 원칙으로 참여팀을 직접 인선·관리하여 추진함으로써 실명제 실시가 가능했다. 갑자기 발생한 위기극복으로 정책을 제시한 것이 아니라 대통령 개인의 계획이며 미리 계획되어 추진된 것이기 때문에 어떠한 반대주장에도 대통령 자신이 감당할 수 있었으며, 두 정권과 같은 정치적 정권의 이해관계가 정책 환경으로 작용하지 않았다. 더욱 중요한 것은 그의 리더십을 고려 할 때 반대주장을 가진 집단이 그의 정책의지를 꺾을 수 있는 여유를 주지 않았고, 독단적으로 지시하고 추진하는 자기중심적 관리방식이 두드러지게 작용하였다.

그리고 김영삼 정권의 금융실명제 정책추진에 있어서 정권의 성격이 전 정권과 노 정권의 상황과 비교해 볼 때 상대적으로 부각되지는 않은 편이다. 전 정권에서 체제적 정당성의 미흡으로 정치적 불안정에서 오는 일련의 체제적 특성이 정책창출에 많은 원인을 제공하였고, 노 정권은 극단적인 정치적 위기는 없었지만 전 정권에서 비롯된 여파와 체제자체에서 파생된 특성이 역시 금융실명제 정책을 추진하도록 부추겼다. 그러나 김영삼 정권에서는 문민정부 성립으로 정당성과 정치적 위기는 없었지만 정치·사회 등 전반적인 개혁을 추구하면서 정부의 색채내기가 강하게 작용하였다. 다시 말해서 개혁과 사정이라는 정부의 성격을 띠었다. 이로써 나타난 정책이 금융실명제 정책이었다고 할 수 있다.

정권의 이해관계도 깨끗한 정부를 만든다는 대통령의 강력한 의지가 재계의 정치적 영향력을 약화시켰고, 음성적인 정치자금이 공공연하게 이동할 수 있는 정치·사회적 여건이 점차 사라지는 분위기였다. 김 정권의 금융실명제는 김 대통령 정치적 의지가 철저히 적용되어 김 대통령의 리더십이 정책결정과정에 크게 작용하였다. 이와 같은 증거는 공직자와 정치인들의 재산공개를 추진하였고 특정 정치인들의 재산공개가 김 대통령의 숨은 의도였다. 따라서 금융실명제 추진이 경제적인 목적이 아니라 정치적 목적을 두고 있음을 반증해 주고 있다.

앞서 정책결정과정에서 충분히 분석이 되었듯이 정책을 추종하는 몇몇 관련자들과 자신 이외에는 철저히 비밀을 지켰고, 또한 이를 전격적으로 발표 어떠한 반대에도 자신의 정책의지를 관철시킨 것은 그의 리더십에서 비롯된 것이다. 이에 정책행위자들도 김 대통령의 리더십에 정면에서 반대하는 사람이 없었다. 김영삼 정권에서도 재계에서도 반대가 있었고 박재윤 경제수석의 비협조적인 상황도 있었다. 그러나 김 대통령의 독특한 리더십은 다른 행위자들을 충분히 통제할 만큼 강했고 자신이 옳다고 생각한 정책을 달성시키기에 충분했다.

전두환 대통령도 저돌적이고 강한 리더십을 소유했으면서도 금융실명제를 추진하지 못했는가에 대해 리더십 측면에서 김 대통령과 비교해 볼 때, 전 대통령은 보스기질과 함께 부하들의 의견을 잘 청취하고 조언을 잘 받아들였고, 무엇보다 개혁의식이 없었지만 김 대통령은 모든 것을 자신이 먼저 결정해 놓고 관련자들의 의견을 청취하는 스타일이었으며 개혁의지가 가장 강한 리더십을 가졌기 때문이다.

다음의 표들은 지금까지 논의한 전두환·노태우·김영삼 정권에서 나타난 금융실명제 정책결정의 특성을 종합적으로 설명하기 위한 것으로 정책 환경(표6-1)과 정책행위자의 특성(표6-2), 그리고 상호 작용의 결과(표6-3)로 세 정권에서의 차이점을 비교해 본 것이다.

(표 6-1) 전두환·노태우·김영삼 정부의 정책 환경 비교

구 분		전두환 정부	노태우 정부	김영삼 정부
정책환경	정치상황	• 권위주의적 통제체제 • 정권의 도덕성에 대한 국민들의 불신팽배	• 민주화의 과도기 – 사회 내의 이익요구 표출 급증 • 전두환 군사정권의 연속이라는 이미지 개선 노력 추구	• 개혁과 사정으로 정부의 자율성 극대 • 김 대통령을 중심으로 한 독단적 국정운영
	정권의 성 격	• 체제적 정당성의 미흡 • 신군부 정치인의 역할 강화 • 정당성 확충을 위한 정치경제적 여건조성에 총력	• 전두환 군사정권과의 차별성 부각 노력 • 정치적 생존성 심각 • 개혁적 경제 각료와 보수적 일부 각료	• 대중적 지지를 기반으로 한 문민정부 이미지 구축과정 • 정치경제적 개혁성향의 각료들로 구정 • 과거 정치에 대한 부정적 인식과 실질적 척결 노력
	정권의 이해관계	• 정치적 보수세력의 정권유지와 재집권 논리: 정치자금이 수단 • 개혁성향의 경제관료와 정치적 보수세력과의 갈등	• 노 대통령의 미약한 정치논리와 개인적 이해관계 • 일부 보수세력의 정치적 이해관계	• 김 대통령의 정치적 목적달성의지의 투영

(표 6-2) 전두환·노태우·김영삼 정부 정책행위자의 특성 비교

구 분	전두환 정부	노태우 정부	김영삼 정부
대통령 리더십	• 즉흥적, 행동지향적 • 권력지향적, 물리적 수단 추구 • 결단력과 과감성 / 참모의 의견 중시	• 수동적, 우유부단 • 정치철학의 부재, 막연한 민주주의 추구 • 현실안주, 방임적	• 독선적, 자기중심적 사고와 행동 • 권위주의적 성향이 강하고 지도자적 이미지 강조 • 현실 모순에 도전적, 과업성취형
수석비서관 / 장관	• 경제 수석 / 경제장관: 개혁성향 • 정치핵심세력의 두 허수석과 노태우 장관: 집권유지에 대한 강한 보수성향	• 경제수석 / 장관 　- 문희갑 수석, 조순 장관: 개혁성향 　- 김종인 수석, 이승윤 장관: 실명제에 실시에 대한 반대 주장 • 일부 정치세력의 보수성향	• 경제수석: 실명제를 경제적 논리로 접근→반대 • 재무장관 / 정치각료: 개혁성향
여 당	• 정치적 보수성향	• 정치적 보수성향	• 개혁지지 성향

(표 6-3) 전두환·노태우·김영삼 정부의 상호 작용 결과 비교

(＋/－: 실명제 실시에 대한 역할정도)

구 분	전두환 정부	노태우 정부	김영삼 정부
정치상황	●대통령 리더십: ＋ ●경제수석/장관: ＋ ●정치핵심수석: ＋/－ ●여 당: ＋/－	●대통령 리더십: ＋ ●수석/장관 －개혁세력: ＋ －보수세력: － ●여 당: ＋/－	●대통령 리더십: ＋ ●수석/장관: ＋ ●여 당: ＋/－
정권의 성 격	●대통령 리더십: － ●수석/장관 －개혁세력: ＋ －보수세력: － ●여 당: －	●대통령 리더십: － ●수석/장관 －개혁세력: ＋ －보수세력: － ●여 당: －	●대통령 리더십: ＋ ●수석/장관: ＋ ●여 당: ＋
정권의 이해관계	●대통령 리더십: － ●수석/장관 －개혁세력: ＋ －보수세력: － ●여 당: －	●대통령 리더십: － ●수석/장관 －개혁세력: ＋ －보수세력: － ●여 당: －	●대통령 리더십: ＋ ●수석/장관: ＋ ●여 당: ＋
정책결정의 특 성	●대통령 리더십: － －7●3조치 발표 후 철회	●대통령 리더십: － －세 정권에서 내부 적으로 시행하겠다 는 논의와 결정은 가장 많았으나 최 종 유보로 결정	●대통령 리더십: ＋ －실시논의 단계에서 시행까지 일관성 유지

끝으로 이 논문의 한계는 정책행위자들에 대한 많은 면접과 설문 조사를 병행한 좀 더 동태적인 분석이 이루어지지 못했는데, 필요시 일부 관련된 사람들과 접촉하여 질문형식으로만 자료를 보충했고, 주로 문헌을 통하여 분석하는 수준에 머물렀다. 그리고 논문에서 밝 힌 정책 환경인 독립변수가 보편타당하게 다른 정책에도 적용되는지 에 대한 검증이 이루어지지 못했다.

또 하나의 한계는 정책행위자의 선정이 이 밖에 다른 정책행위자 에 대해서도 언급을 했어야 하고 변수 간의 인과성을 좀 더 구체적 으로 확인하지 못했다. 따라서 앞으로는 어떠한 정책에도 적용할 수 있는 정책결정변수의 선정과 정책과정을 계량화하여 일반화를 추구할 수 있는 연구기법의 적용이 필요하다.

그러나 이 논문의 특색이자 장점은 정책 체제내부에서 이루어지는 정책결정과정에서 정책 환경의 영향으로 정책행위자가 서로 어떻게 상호 작용하여 금융실명제 정책결정의 특성이 산출되었는지에 초점을 맞춘 것으로서 지금까지의 정태적인 분석에서 체제내부를 중심으로 동태적으로 분석할 수 있는 계기를 마련했다고 생각한다.

끝으로 지금까지의 정부중심적 정책결정은 절차적 비민주성, 정치적 합의의 결여로 많은 사회적 갈등을 초래하여 국민 모두가 원치 않은 경험을 해왔다. 그러나 행정의 투명성과 신뢰성이 강조되는 공동체적 거버넌스 사회중심으로 더욱 성숙되기 위해선 정부가 솔선수범하여 국가의 주요정책 과정에 근본적인 변화가 이루어져야 할 것이 자명하다.

참고문헌

1. 국내문헌

강경식, 「가난구제는 나라가 한다」, (서울: 삶과 꿈, 1992).

강경식, 「경제안정을 넘어서」, 한국경제신문사, 1987.

강인선, "김영삼 대통령의 연설문 연구", 월간 조선 1994년 12월호.강철원, "YS 독심술사", 신동아 1993년 12월호.

강철원, "청와대 비서실", 월간 「말」, 1993년 6월호.

고광철, "재무부 금융실명단 잉태에서 낙태까지", 월간다리, 1990. 5.

공보처, 「신한국 3년」, 1996. 3. 18.

곽병찬, "盧心읽는 5가지 힌트", 월간 중앙 1992년 6월호.

구광모, 「대통령론」, (서울: 고려원, 1984).

구광서, "대통령의 선거공약실천의 방향과 과제", 「국책연구」, 1989년 가을호.

김관수, "지하경제가 국민경제에 미치는 영향에 관한 연구", 「교수논총」, 제5집 2호, 1989.

김광웅, "대통령과 정책: 심포지움의 취지", 한국행정학회 춘계학술심포지움, 1992.

김광웅, "사정만으론 개혁 안 된다", 신동아 1993년 8월호.

김광웅, 「한국의 관료제 연구」, (서울: 대영문화사, 1991).

김대곤, "노 대통령의 통치력에 이상 없는가", 신동아 1988년 8월호.

김대호, "경제사령관, 박재윤 연구", 신동아 1993년 5월호.

김상룡 역, 「정치가란 무엇인가?」, (서울: (주) 유나이티드컨설팅그룹, 1982).

김석준, "김영삼 정부의 리더십과 국정관리 능력", 한국정치학회 국제워크숍 발표논문, 1994. 11. 19.

김세균, "한국에서의 국가와 사회와의 관계: 한국민주화과정의 경과와 성격과 관련하여", 한국정치학회 광복 50주년기념 학술대회 논문, 1995. 5. 20.

김수행, "경제개혁의 체제적 성격", 「경제학연구」, 제42집 1호, 1994.

김순현, 「군사문화」, (서울: 을지서적, 1990).

김영삼, "심각한 정치불신", 월간 「중앙」 1974년 1월호.

김영삼, "선명 야당의 길", 월간 「중앙」, 1979년 7월호.

김영삼, "정치는 길고 정권은 짧다", 「사상계」, 1967.

김영삼, "강력한 작은 정부 만들겠다", 신동아 1992년 6월호.

김영진, "청와대 비서관", 월간 중앙 1991년 4월호.

김영평, 「불확실성과 정책의 정당성」, 고려대학교 출판부, 1991.

김영평·최병선 편저, 「행정개혁의 신화와 논리」, (서울: 나남, 1994).

김용서, "노태우·전두환·박정희", 「한국논단」, 1992년 5월호.

김인영, 「재벌 때문에 나라 망하겠소」, (서울: 한국문원, 1995).

김석준, "김영삼 개혁, 6개월도 너무 길다", 신동아 1993년 4월호.

김재명, "실명제 전야, YS의 청남대 구상", 월간 중앙 1993년 10월호.

김종림, "대통령의 정책역할론: 이론과 현실", 한국행정학회 춘계학술심포지움 논문, 1992.

김종영, 「금융실명거래에 관한 정책결정 과정분석: 정부, 기업, 사회운동의 역학관계를 중심으로」, 고려대 박사학위논문, 1995.

김준범, "노태우·전두환의 비교연구", 월간 중앙 1988년 8월호.

김진영·김원동 역, 「현대자본주의와 중간계급」, (서울: 한울, 1996).

김충남, 「성공한 대통령 실패한 대통령」, (서울: 도서출판 전원, 1992).

김호진, 「한국정치체제론」, (서울: 박영사, 1990 / 1993).

김호진 외, 「한국의 도전과 선택: 21세기 국가경영론」, (서울: 나남출판, 1997).

김호진 외, "차기 대통령의 조건", 고려대 정책과학대학원 고위정책과정

강의요강, 1996. 11. 26.

남영신, "변덕과 독선: 럭비공 정치", 신동아 1996년 4월호.

문희갑, 「경제개혁이 나라를 살린다」, (서울: 행림출판사, 1992).

박기덕, "노태우 정부의 체제공고화와 개혁주의의 퇴조: 개혁이론의 정립을 위한 시도", 한국정치학회보 제28집 1호.

박상훈, "문민정치, 그 지배의 정치경제학", 「정치비평」, 한국정치연구회 1996년 창간호.

박세직, "김영삼, 한국병 치유할 결단의 지도자", 신동아 1992년 9월호.

박진균, 「청와대 비서실」, 중앙일보사, 1994.

박찬욱 외, 「미래한국의 정치적 리더십」, (서울: 미래인력연구센터, 1997).

박천오, "한국에서의 정치적 피임명자와 고위직업관료의 정책성향과 상호관계", 한국행정학보 제27권 4호, 1993년 겨울호,

박형준, "전환기 사회운동의 성격", 임희섭·박길성 편", 「오늘의 한국사회」, (서울: 나남, 1993).

방문신, "독점재벌과 이승윤 경제팀", 월간 「말」, 1990년 5월호.

백상창, "김영삼-노태우-전두환-박정희의 정신세계 정밀분석", 월간 중앙 1993년 6월호.

백완기, 「행정학」, (서울: 박영사, 1984).

백완기, "경제자율화의 기수: 김재익 론", 이종범 편, 「전환시대의 행정가」, (서울: 나남, 1994).

백완기, 「민주주의 문화론」, (서울: 나남, 1994).

서병욱, "사례연구: 노태우의 실패작", 월간 조선 1989년 1월호.

선경식, "5공화국 개국공신 7공자", 월간 중앙 1988년 5월호.

손주환, "대통령 뜻 따른 것일 뿐", 「시사저널」 134호, 1992.

송의호, "금융실명제, 전격실시의 막전막후", 월간 중앙 1993년 10월호.

신동아편집부, "금융실명제 실명시킨 지하경제의 실체", 신동아 1990년 6월호.

신창우, 「정책결정체제연구: 대통령 정책결정과 자문」, (서울: 대영문화사, 1990).

안병만, 「한국정부론」, (서울: 다산출판사, 1993).

안병만, "역대 통치자의 자질과 정책성향 연구", 한국행정학회 춘계학술 심포지움 논문집, 1992. 4. 16.

안병만, "역대지도자의 통치스타일", 한국일보 1992년 6월 12일.

안병영, "노 대통령 지도력의 세 가지 특징", 신동아 1991년 4월호.

안해균, 「현대행정학」, (서울: 다산출판사, 1987).

에드거 샤인(Edgar H. Schein), 「조직문화와 리더십」, 김세영(역), (서울: 교보문고, 1990).

월간조선부, "역대 비서관 명단", 「비록 한국의 대통령」, 조선일보사, 1993.

유인호, "제5공화국을 평가한다: 성자의 그늘, 심화된 빈부격차", 신동아 1987년 12월호.

유일호, "우리나라의 탈세규모 추정", 「한국개발연구」, 제16권 1호, 1994.

윤원배, 「금융실명제」, (서울: 비봉출판사, 1993).

윤영호, "문민정부의 경제수석", 신동아 1997년 4월호.

윤중현, "금융실명제의 추진계획", 「국세」, 1989년 10월.

이강로, "김영삼의 지도력 유형", 한국정치학회보 제27권 2호.

이강로, "대통령의 지도력과 정책결정요인의 비교", 한국정치학회 하계 학술대회 논문, 1992.

이경남, 「용기 있는 보통사람」, (서울: 을유문화사, 1988).

이규진, "대통령의 측근론", 신동아 1991년 3월호.

이남영, "전두환·노태우 정권의 성격과 리더십", 「한국현대정치사」, (서울: 법문사, 1996)

이백만, "조순 부총리 1년 3개월의 좌절", 신동아 1990년 3월호.

이성복, "역대정권의 행정체제", 「한국현대정치사」, (서울: 법문사, 1996).

이승환, "개혁의 진정한 주체는 국민대중이어야 한다: 진보적인 입장에 서 개혁 세력을 비판한다," 「계간다리」, 1996년 봄호.

이영규·이배영, 「인간 노태우」, (서울: 호암출판, 1987).

이영석, "변화 주도하는 타고난 승부사", 신동아, 1992년 7월호.

이용필, "대통령은 머리를 빌려서는 안 된다: 미국 대통령의 통치력 연구", 신동아 1994년 11월호.

이장규, 「경제는 당신이 대통령이야」, 중앙일보사, 1991.

이장규, 「실록 6공경제」, 중앙일보사, 1995.

이정복, "신한국 건설을 위한 제도개혁과 통치이념", 한림과학원 정책토론회 발표논문, 1993.

이종범, "김영삼 대통령의 리더십 특성과 국정관리유형: 문민정부의 1년의 정책평가", 한국행정학회보, 제28권 4호, 1994년 겨울호.

이종범 외, 「딜레마 이론」, (서울: 나남, 1994).

이종률 "4·13과 6·29, 전두환과 노태우", 신동아 1991년 5월호.

이종찬, "김영삼, 노태우는 개성 없는 대통령", 신동아 1994년 11월호.

장홍근, 「문민정부의 사정작업과 한국사회발전」, 현대사회연구소 연구보고서 93-8.

재무부 금융실명거래실시준비단, "지하경제의 실태분석과 양성화 방안", 1989.

정승건, "한국의 행정개혁과 변동: 정치권력과 관료정치", 한국행정학회보 제28권 1호, 1994년 봄호.

정영태, "김영삼 정권의 개혁과 국가자율성", 「동향과 전망」, 1995년 봄호.

정용대 "한국정치체제의 패러다임과 국가지도자의 당면과제", 한국정치학회 하계학술대회 논문집, 1992.

정용대, "김영삼 대통령의 개혁이념과 한국민주주의", 정치학회보 제27집 2호.

정용석, "과거 뒤집기는 개혁이 아니다: 보수주의 입장에서 개혁세력을 비판한다", 「계간다리」, 1996년 봄호.

정윤재, "노태우 대통령의 정치리더십에 관한 한 연구", 한국정치학회 하계학술대회 논문집, 1992.

정윤재, "김영삼 대통령은 카리스마적 지도자인가?", 「계간다리」, 1995년 봄호.

정정길, "앞으로도 경제발전을 제1과제로 삼아야", 월간 조선 1993년 1

월호.

정정길, "대통령의 정책결정과 전문 관료의 역할", 한국행정학회보 제23
    권 1호, 1992.

정정길, "역대대통령의 경제정책: 전두환", 신동아 1992년 10월호.

정정길, "역대대통령의 경제정책: 노태우", 신동아 1992년 11월호.

정정길, 「대통령의 경제리더십」, (서울: 한국경제신문사, 1994).

정정길, "바람직한 대통령의 정책관리: 경제정책을 중심으로", 한국정치
    학회 춘계학술대회 논문집, 1993.

정정길, "관료와 정책결정구조: 김영삼 정부의 경제정책관리를 중심으
    로", 한국 행정학회, 「정책결정구조의 비교 정·경·관의 역학관
    계」, 한국행정학회 국제학술대회 논문집, 1994.

조갑제, "전두환의 인맥과 금맥", 월간 조선 1988년 5월호.

조갑제, "인간 전두환 연구", 월간 조선 1990년 2월호.

조갑제, "노태우의 권부", 월간 조선 1988년 10월호.

조석준, "청와대비서실의 조직에 관한 연구", 「행정논총」, 서울대학교
    행정대학원, 제29권 2호. 1991.

조성관, 「대통령과 기자들」, (서울: 나남출판, 1994).

조성렬, "노태우 정권의 경제개혁과 국가전략의 변화", 정치학회보 제30
    집 2호.

조영권, "YS를 보좌하는 사람들", 주간 「매경」, 1995. 2. 18.

진덕규, "민주적 리더십인가, 방임형 리더십인가", 신동아 1993년 2월호.

천금성, 「황강에서 북악까지」, (서울: 동아출판사, 1981).

천금성, "허문도와 허화평과 허삼수", 신동아 1988년 2월호.

최운열, "금융실명제 도입의 필요성과 문제점", 「국회보」, 1989. 11.최웅
    ·조진경 외, "재야 세력의 민주화운동", 「한국사회의 성격과 변
    동」, (서울: 공동체, 1987).

최장집, "문민개혁과 혼합정체", 「문민정부와 정치개혁」, 정치학회보, 1993.

최평길, "대통령의 조직, 정책, 관리기능 비교연구", 한국행정학회 동계
    학술대회 발표논문, 1994.

한국경제신문사,「다큐멘타리 금융실명제」, 1994. 8. 13.

한국정책학회,「대통령과 국가정책」, (서울: 대영문화사, 1994).

한기찬,「개혁과 대통령」, (서울: 김영사, 1993).

한승조,「한국정치의 지도자들」, (서울: 대정진, 1992).

한승조,「리더십이론과 한국정치」, (서울: 민족지성사, 1988).

한용원,「한국의 군부정치」, (서울: 대왕사, 1993).

한종호, "청와대비서실 기능장애증상",「시사저널」, 1994. 5. 26.

함성득, "대통령학의 제도적 접근: Pfiffner(1994)를 중심으로", 한국행정
학회보 제30권 3호, 1996년 가을호.

함수진, "노태우 지도력비판", 월간조선 1991년 3월호.

현대사회연구소, "역대대통령의 퍼스낼리티와 정치적 리더십의 비교연
구",「현대사회」, 1986.

홍건희, "실명제를 만든 사람들", 신동아 1993년 10월호.

홍욱헌, "민주화와 경제정책 결정: 김영삼 정부와 노태우 정부의 금융실
명제 정책", 한국정치학회 국제워크샵 발표논문, 1994. 11. 19.

국내 일간지: 동아, 중앙, 조선, 한국, 세계일보, 한겨레신문, 매일경제신
문, 한국경제신문, 서울경제신문 등.

2. 외국문헌

Adorno, T. W., <u>The Authoritarian Personality,</u> (New York: Harper and Row, 1950).

Almond, G. A. & J. S. Coleman(ed.), <u>The Politics of the Developing Area,</u> (Princeton University Press, 1960).

Almond, G. A. & G. B. Powell, Jr., <u>Comparative Politics: A Developmental Approach,</u> (Boston: Little Brown and Company, 1966).

Anderson, James E., <u>Public Policy—Making,</u> (New York, CBS College

Publishing, 1984).

Bailey, Henry A. Jr., "Controlling the Runway Presidency", <u>Public Administration Review</u>, 35(5), 1975.

Barber, James D., "Classifying and Predicting Presidential Style: Two Weak President", <u>Journal of Social Issues</u>, ⅩⅩⅣ, 1968.

Barber, James D., "The Interplay of Presidential Character and Style: A Paradigm and Five Illustrations," <u>In Perspective on the Presidency</u>, Aaron Wildavsky ed., (Boston: Little Brown and Company, 1975).

Benze, James G. Jr., <u>Presidential Power and Management Technique</u>, (New York: Greenwood, 1987).

Blondel, Jean, <u>Political Leadership</u>, (London: SAGE Publications Ltd., 1987).

Brody, Richard A. and Benjamin I. Page, "The Impact of Events on Presidential Popularity: The Johnson and Nixon Administrations", <u>In Perspective on the Presidency</u>, Aaron wildavsky ed., (Boston: Little Brown and Company, 1975).

Brody, Richard A., <u>Assessing the President: The Media, Elite Opinion, and Public Support</u>, (Stanford: Stanford University Press, 1991).

Burke, John P., <u>The Institutional Presidency</u>, (Baltimore: The John Hopkins University Press, 1992).

Choi, Byung-Sun, "Political and Economic Democratization and Its Impact on the Government-Business Relationship in Korea", <u>The Korean Joumal of Policy Studies</u> 3. 1988.

Dahl, Robert, A., "Myth of the Presidential Mandate", <u>Political Science Quaterly</u>. 105(3), 1990.

Davis, Keith, <u>Human Relations at Work</u>, (New York: McGraw-Hill, 1967).

Friedrich, Carl J., "Man and His Government," <u>Power and Leadership</u>, (New York: McGraw-Hill, 1963).

Hahm, Sung-Deuk, and L. Christopher Plein, <u>After Development: The Transformation of the Korean Presidency and Bureaucracy</u>, (Georgetown University Press, Washington, D. C., 1997).

Hargrove, Erwin, C., "Two Conceptions of Institutional Leadership", <u>Leadership and Politics: New Perspective in Political Science</u>, (by Bryan D. Jones, eds., University Press of Kansas, 1989).

Katz, D. and Kahn, R. L., <u>The Social Psychology of Organization</u>, (New York: John Wiley, 1966).

Kessel, John, <u>The Domestic Presidency: Decision-Making in the White House</u>, (North Scituate: Duxbury Press, 1975).

Krueger, Anne O., "Government Failures in Development", <u>Journal of Economic Perspectives</u> 4, 1990.

Kuhnert, Karl W., and Lewis, Philip, "Transactional and Transformational Leadership: A Construtive / Developmental Analysis", <u>Academy of Management Review</u>, 12, No.4, Winter.

Linz, Juan J., "Transition to Democracy", <u>The Washington Quarterly(summer)</u>, 1990.

Long, E. Norton, "Reflection on the Presidential Power", <u>Public Administration Review</u>, Vol.29, No.5, Sep / Oct 1969.

Lowi, Theodore J., "Presidential Power: Restoring the Balance", <u>Political Science Quaterly</u>, Vol.100, No.2, Summer, 1985. incorporation in semiperipherial Politics, <u>Politics & Society</u>, 14-3.

Neustadt, E. Richard, <u>Presidential Power and Modem Presidents: The Politics of Leadership from Roosevelt to Reagan</u>, (New York: Free Press, 1990).

Neustadt, E. Richard, "Staffing the Presidency: Premature Notes on a New Administration", <u>Political Science Quarterly</u>, Vol.93, No.1, Spring 1978.

Perlmutter, Amos, <u>Modem Authoritarian: A Comparative Industrial Analysis</u>,

(New Haven: Yale University Press, 1981).

Pfiffner, James P., The Strategic Presidency: Hitting the Ground Running, (Chicago: The Dorsey Press, 1988).

Pfiffner, James P., "The Persident's Chief of Staff: Lessons Learned", Presidential Studies Quarterly, Vol.23, No.1, Winter 1993.

Rockman, Bert A., "The Leadership Style of George Bush", Colin Campbell, S. J. and Bert A. Rockman, eds., The Bush Presidency: First Appraisal,1-35, Chatham, N, J.: Chatham House Publisher, Inc.

Simon, Herbert, A., Administration Behavior, (New York: Macmillan Co.,), 1959.

Thomas, Norman C.(ed), The Presidency and Public Policy Making, (Pittsburg, PA: The University of Pittsburg Press, 1985).

Walker, Wallace Earl, "Presidential Transition and the Entrepreneurial Ptrsidency: Of Lions, Foxes, and Puppy Dogs", Presidential Studies Quarterly, Vol.23, No.1, Winter 1993.

서 상 원

공군사관학교 졸업
고려대학교 행정학 석사 및 박사학위 취득
국방개혁위원 역임
현) 한경대학교 및 백석대학교 강사
　　대구대학교 전임연구원
　　한국학술진흥재단 연구원
　　고려대 정부학 연구소 선임연구원

정부 패러다임적 정책결정과정분석

· 초판 인쇄　　2007년 6월 30일
· 초판 발행　　2007년 6월 30일

· 지 은 이　　서상원
· 펴 낸 이　　채종준
· 펴 낸 곳　　한국학술정보㈜
　　　　　　　경기도 파주시 교하읍 문발리 526-2
　　　　　　　파주출판문화정보산업단지
　　　　　　　전화　031) 908-3181(대표)·팩스　031) 908-3189
　　　　　　　홈페이지　http://www.kstudy.com
　　　　　　　e-mail(출판사업팀사업부)　publish@kstudy.com
· 등　　록　　제일산-115호(2000. 6. 19)
· 가　　격　　24,000원

ISBN　　978-89-534-6861-0 98350 (Paper Book)
　　　　　978-89-534-6862-7 98350 (e-Book)